교사가 묻고 수석교사가 답하는

해법 교직실무

김현식 · 이수용 · 서미라 · 송미나 · 나용인 · 이영실 · 정일화
한국유초중등수석교사회 공저

TEACHING

SOLUTION

PRACTICES

학지사

펴내며

    이 책은 학지사에서 출간한『수석교사가 콕 짚어 주는 핵심 교직실무』(정일화 외, 2024)의 실용적인 활동서 성격을 가집니다.『수석교사가 콕 짚어 주는 핵심 교직실무』에서 강조한 내용이나 보충이 필요한 내용을 간추리고 관련 자료를 더해서 질의하고 응답하는 형식을 갖추었습니다.

    이 책과 관련한 상세한 설명과 궁금한 사항은『수석교사가 콕 짚어 주는 핵심 교직실무』를 참고하거나, 공동 저자에게 이메일로 소통하거나 지근거리의 수석교사에게 질문해서 해결할 수 있기를 바랍니다. 책에서 인용한 법령, 규정, 지침 등은 개정이 수시로 이루어집니다. 따라서 실제에서 적용할 때는 그때그때 확인이 꼭 필요합니다.

    이 책의 집필을 위해 선뜻 자료를 찾아 제공하고 제언하며 도움을 주신 선생님들께 깊은 감사를 드립니다. 이 책이 현직의 선생님뿐 아니라 임용고시를 준비하는 예비교사에게도 도움이 되기를 기대합니다.

집필진 일동

차례

제 **1** 부

교직의 이해

제**1**장
교육의 변화

Q1 OECD의 'DeSeCo'와 'Education 2030'은 무엇인가요? 이와 관련해서 학생들이 미래의 성공적인 삶을 준비하기 위해 갖추어야 할 역량에 대해 알고 싶습니다.

🔈 해답 구상하기

A1 2005년에 OECD는 성공적인 21세기의 삶을 준비하는 데 필요한 핵심 역량(Definition and Selection of Key Competences: DeSeCo)을 제시하였습니다. 이의 후속으로 2018년에는 '교육 2030 미래의 교육과 능력(Education 2030 The future of education and skills)'을 발표하면서 '학습 나침반(Learning Compass)'이라고도 불리는 '교육 2030 학습프레임(The OECD Learning Framework 2030)'을 안내했습니다. 즉, 'Education 2030'은 DeSeCo의 핵심 역량을 학교교육에 적용하기 위한 것입니다(김은영, 2018).

구분	핵심 역량 범주		
	도구의 상호작용적 활용력	이질적 집단과의 상호작용역량	자율적 능력
필요 이유	• 기술 변화와의 보조 • 자신의 목적에 맞는 도구 적용 • 세상과의 적극적 대화	• 다원화 사회의 다양성에 대응 • 공감의 중요성 • 사회적 자본의 중요성	• 복잡한 세상에서 자아 정체성의 인식과 목표 설정 • 권리의 행사 및 책임감 • 자신의 환경과 기능의 이해
필요 역량	• 언어, 상징, 텍스트의 상호작용적 사용 • 지식과 정보의 상호작용적 사용 • 기술의 상호작용적 사용	• 원만한 대인관계 • 협동, 팀워크 • 갈등 관리 및 해결	• 원대하게 행동하기 • 생애 계획과 개인 프로젝트의 수립과 수행 • 권리, 이익, 한계 및 필요의 옹호와 주장

자료: OECD (2005), pp. 12-14; 정일화 외(2024), p. 14.

DeSeCo의 핵심 역량은 '도구의 상호작용적 활용력' '이질적 집단과의 상호작용 역량' '자율적 능력'입니다. 이 세 가지 역량은 '예측' '실행' '성찰'의 순환 구조 속에서, 변혁적 역량을 발휘하여 새로운 가치를 창출하고 책임감을 인식하고 그에 합당한 바를 이행하고 타인 및 사회와 상호작용하면서 긴장과 갈등을 조정하도록 연결되어 있

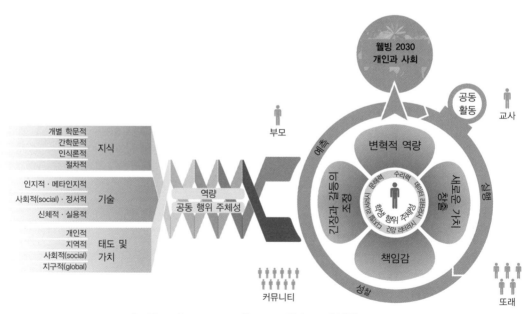

[그림 1-1] OECD 교육 2030 학습 프레임워크

자료: OECD (2018), p. 5; OECD (2023), p. 24 수정함.

습니다. 또한 학생은 주변 및 커뮤니티와 협력하며 자신의 미래를 탐색하고 경험한 바를 토대로 하여 비판적으로 '사고' '성찰'하면서 학습과 과업을 실행하도록 요구됩니다. 이를 통해서 개인과 사회의 웰빙에 기초한 공동의 미래 사회를 이룰 수 있다고 OECD는 밝혔습니다.

세계경제포럼은 급속히 변화하는 세상을 살아갈 학생들은 비판적 사고, 문제해결력, 협업, 호기심과 같은 역량을 갖추어야 한다고 강조합니다. 또한 성실, 책임감, 관용, 연민, 인내력, 자제력, 회복력 등의 내적 역량은 더욱 요구될 것입니다. 이러한 역량은 개인 차원에서 더 나아가 공동체와 연결되어 다루어진다는 점에서, 21세기의 핵심 역량은 '어떻게 우리가 함께 잘 살아갈까?'에 대한 답이라고도 볼 수 있습니다(정일화 외, 2024).

Q2 '2022 개정 교육과정'이 비전으로 내세우는 '포용성과 창의성을 갖춘 주도적인 사람'과 관련한 '학생 행위 주체성(student-agency)'의 개념을 알고 싶습니다.

📢 해답 구상하기

A2 Education 2030의 학습 나침반에서 '학생 행위 주체성(student-agency)'과 학생이 또래, 교사, 부모, 커뮤니티와의 협업을 강조하는 '공동 행위 주체성(co-agency)'을 교육의 방향으로 제시합니다. '학생 행위 주체성'은 '학생 주도성' 또는 '학생 주체성'으로 번역되기도 합니다. '학생 주도성'을 중요 역량으로 내세우는 2022 개정 교육과정은 고교학점제와 같이 학생 스스로 목적의식을 가지고 탐

색한 진로를 위해 자기 주도적으로 교육과정을 설계할 수 있도록 지원합니다. 다음은 이상은(2022)의 논문「학생 주체성 담론의 이론적 지평 및 쟁점 탐색」에서 일부를 발췌한 것입니다.

OECD는 학생 주체성을 '목적지향성' '반성적 행위' '시간과 노력의 투자' '책임'의 네 가지 요소를 포함한 개념으로 정의한다. 학생이 학습에서 주체성을 발현한다는 의미는, 스스로 추구하는 목표를 설정하고, 목표를 실행하는 과정에서 선택한 전략과 수단이 적합한지 성찰하며, 여러 가지 어려움이 따르는 수고를 감내해야 하고, 자신의 행위에 대해 책임을 져야 함을 의미한다(Leadheater, 2017: 69). 따라서 학습 과정에서 학생 스스로의 '통제' '선택' '결정' '주도' '개발' 등을 강조함으로써 학생의 자율성을 존중하고 본인의 선택에 대한 '자기-책임'의 중요성이 부각되어야 한다(Schoon, 2018: 5). OECD에서는 '학생 행위 주체성'은 기존의 '학생 선택' '학생 목소리' 등 개별의 자율적 행위를 강조하던 것과는 다르다고 밝힌다. 사회적 맥락에서 '공동 행위 주체성(co-agency)'의 개념을 도입한 OECD는 친구, 학부모, 교사, 지역사회가 학생의 주체성 발현에 영향을 미친다. 반대로 학생의 행위는 관계한 타자에게 영향을 미친다는 점에서 '협력적 주체성(collaborative agency)'이라고 표현한다.

제2장
교사의 윤리

Q3 규칙을 위반한 학생의 생활지도 등 학교에서 당면한 문제를 해결할 때 살펴야
할 교육의 윤리적 관점은 무엇인가요?

📢 해답 구상하기

A3 학교에서 당면하게 되는 문제를 해결하기 위해서는 다음과 같은 윤리적
패러다임의 고려가 필요합니다. 이러한 관점들은 서로 대립하는 것이 아
니라 상호 결합함으로써 문제를 더 낫게 해결하는 데 도움이 됩니다(Starratt, 1994;
Shapiro et al., 2011; 주삼환, 정일화, 2011 재인용).

- 정의 윤리: 법령 및 규칙 등과 관련해서 '형평성(equity)' '공정성(equality)' '개인의

13

권리 대(vs) 더 큰 공동선'의 측면을 살피도록 요구한다. 이 윤리는 다음과 같은 질문을 던진다. '만일 예외가 허용된다면, 어떤 상황에서 법과 규칙이 절대적으로 지켜져야 하는가? 어떤 특별한 사례에 적용되거나, 이러한 것과 관련된 법규 또는 권리가 있는가? 만일 있다면 무조건 적용해야 하는가? 만일 없다면 무엇을 어떻게 해야 하는가? 보완적으로 제공되어야 할 것은 무엇인가?'

- 비판 윤리: 무조건, 무비판적으로 당연히 수용되는 어떤 법적 기준이 간과하는 측면을 살핀다. 비판 윤리는 다음과 같은 질문이 던지는 난제에 대처하도록 요구한다. '누가 법을 만드는가? 누구에 의해 옳고 그름이 판단되는가? 이로 인해 어느 누가 이익을 받는가? 누가 권력을 가지고 있는가? 침묵하거나 소외된 목소리는 누구인가?'

- 돌봄 윤리: 교육자가 학생을 비롯한 타인에게 내재한 관심사와 이해관계를 살펴 어떻게 도울 수 있는지, 교육자의 판단과 결정이 어떠한 영향과 결과를 초래할지에 대해 성찰하게 한다. 성실과 신뢰의 가치에 대해 고심하고 자기의 결정과 행위의 결과를 생각하도록 요구하는 이 윤리는 다음과 같은 질문에 숙고하기를 바란다. '나의 결정으로 인해 누가 이익을 보는가? 누가 나의 결정 또는 행위로 인해 상처를 받는가? 내가 오늘 내린 결정의 장기적 효과는 무엇인가? 만일 내가 지금 어떤 사람에게 도움을 받는다면, 미래에 이 사람 또는 사회에 무엇을 갚아야 하는가?'

- 전문직 윤리: 정의 윤리와 혼동되는 이 윤리는 형평성과 같은 원칙을 강조하는 정의 윤리와는 다르다. 이 윤리는 전문직의 역할 수행에 대한 기대를 깨닫도록 촉구한다. 전문가인 교사는 교육과 관련된 교과 지식, 수업과 평가 방법, 원칙과 규칙을 적용할 때, 교육자로서 학생의 환경 등 문제 상황을 고려하여 학생에 대한 최선의 유익을 위해 전문성을 발휘해야 한다. 이 윤리는 다음의 질문에 관심을 둔다. '전문직인 나에 대한 기대는 무엇인가? 공동체는 전문직인 내가 무엇을 하도록 기대하는가? 학생들에 대한 최선의 유익을 바탕으로 나는 무엇을 해야 하는가?'

Q4 교사의 교직관에 따라 직무 수행의 윤리적 인식이 달라진다고 하는데 교직관 별로 어떤 특징이 있는지 알고 싶습니다.

🔊 해답 구상하기

A4 관점에 따라 목표와 행동에 차이를 보일 수 있습니다. '교직은 무엇인 가?'라는 질문은 '교육이 무엇인가?'라는 질문만큼이나 중요합니다(이재덕, 신철균, 신정철, 2020). 교직관은 일반적으로 성직관, 전문직관, 노동직관으로 구분됩니다. 여기에 공직관(황기우, 2005)과 탈전문직관(손향숙, 2003; 한준상, 1997) 등이 더해지기도 합니다. 정일화 등(2024)은 앞의 교직관에 '초전문직관'과 '종합관'을 덧붙여서 다음과 같이 설명합니다.

- 성직관: 도덕적인 모범을 보이고, 학생들의 삶과 성장에 대한 깊은 관심을 갖고 학생들을 사랑으로 보살피는 교사의 모습에 감화하게 하며, 자기희생의 정신으로 헌신하는 교사상

- 전문직관: 엄격한 표준의 교육과정에 따른 오랜 기간의 교육과 자기 연마를 통해 자격을 취득하고, 입직한 뒤에는 직능단체의 윤리강령에 따라 직무의 수행, 지속적인 연찬, 사회봉사의 책임을 다하는 교사상

- 탈전문직관: 전문직관이 교과 지식을 전달하는 기능인으로 제한하는 측면을 비판한다는 관점에서, 비전문직이나 무전문직의 관점이 아닌 사회적 자아실현과

연결된 교직만의 전문직 개념 재정립을 요구하는 교사상

- 초전문직관: 다른 전문직은 경험이 쌓일수록 능숙해지지만 다중적 역할이 요구되는 교직은 교육과정에서 배운 바를 뛰어넘고, 예측하기 어려운 상호작용을 하며 끊임없이 새로운 현상을 마주하게 되는 특수성을 고려한 교사상

- 노동직관: 고용과 근로 조건 및 근무 환경을 중시하는 교직관

- 공직관: 공공성과 책무성을 강조하고 국민에 대한 봉사자로 규정하는 교직관

- 종합관: 성직관은 소명의식을 고양하고, 전문직관은 전문성 개발에 관해 부단한 자기 연찬을 촉진하고, 공직관은 책무성을 높여 주고, 노동직관은 노동의 소중한 가치를 인식하게 하는 바, 이들의 긍정적인 면을 살려 조화를 이루려는 관점

Q5 의료계와 법조계는 임용 시에 하는 선서가 있습니다. 교사에게도 그러한 선서가 있나요?

📢 해답 구상하기

A5 의료계는 '히포크라테스 선서'와 '나이팅게일 선서'로 마음가짐을 다지고, 평소에도 숭고한 뜻을 새기면서 생활합니다. 교원은 다른 공무원과 같이 공무원으로 임용될 때 「국가공무원 복무규정」에 따라 다음과 같이 선서합니다.

"나는 대한민국 공무원으로서 헌법과 법령을 준수하고, 국가를 수호하며, 국민에 대한 봉사자로서의 임무를 성실히 수행할 것을 엄숙히 선서합니다."

교직단체에서 제정한 '교직윤리헌장'과 '행동강령'은 제대로 활용되지 못하고 있는데, 교사가 나아갈 바를 밝히기 위해 정일화 수석교사는 "정년 막바지에 예비교사를 가르치면서 히포크라테스나 나이팅게일 선서를 떠올려, 교직의 길을 비출 수 있도록 예시를 들기 위해 다음과 같이 고안한 나의 '선서'를 처음 교단에 설 때 다짐하면 좋았을 텐데, 떠날 때가 되어서 되짚어 생각해 낸 아쉬움이 큽니다."와 같은 생각을 전하며 '교사 선서'를 공유했습니다(정일화, 제작 중).

- 나는 자애로운 교사가 되겠습니다.
- 나는 정의로운 교사가 되겠습니다.
- 나는 바른 언행의 모범인 교사가 되겠습니다.
- 나는 인류애가 가득한 길로 인도하는 교사가 되겠습니다.
- 나는 사명감을 가지고 가르치는 책임을 다하겠습니다.

제3장

교사의 전문성 개발

Q6 교사의 교육 경력에 따른 단계별 발달 욕구를 알고 싶습니다.

 해답 구상하기

A6 풀러(Fuller)에 따르면, 교사는 생존의 단계인 입직 초기에는 '교사로서의 자기'에 대한 관심이 높고, 교수 경험이 늘어나면서 수업과 같은 '교수ㆍ과업의 효율성'에 관심을 가지며, 최종적으로는 '학생에 대한 이해와 학습 본연'에 대한 관심에 도달합니다(천세영 외, 2020). 이는 [그림 3-1]에서 보듯이 교육 경력의 시기별 수업 전문성 심화와 연결됩니다.

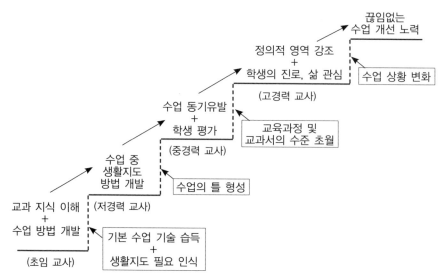

[그림 3-1] 교육 경력의 시기별 수업 전문성에서 강조되는 영역의 변화

자료: 김민오(2017), p. 17.

스펙과 나이프(Speck & Knipe)는 교직 입문 1~2년의 생존기, 3~5년의 확립기, 5~8년의 노력기로 이어지는 순방향을 제시하면서, '소진'과 '정체'는 이러한 발달 단계에서 다양한 시기에 일어날 수 있다고 하였습니다. 이 말에 따르면, 교사의 발달 단계는 연차에 따른 방향성은 있지만 때로는 다른 변화를 보이기도 합니다. 즉, 어떤 요인에 따라 정체되거나 역방향으로 가는 경우가 있습니다. [그림 3-2]를 참고하여 자신의 교직 생애 과정을 예측해 보기 바랍니다.

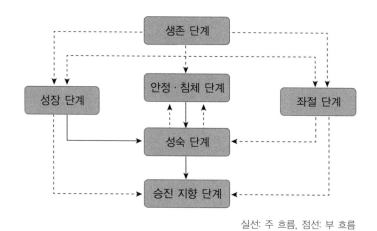

실선: 주 흐름, 점선: 부 흐름

[그림 3-2] 교사의 발달 단계 모형

자료: 백승관(2003), p. 45 수정; 서미라(2019), p. 54; 정일화 외(2024), p. 48 재인용.

Q7
교직에 입문한 지 4년 차입니다. 교직 생애에서 경력에 따라 선택할 수 있는 진로에 대해 알고 싶습니다.

📢 해답 구상하기

A7
교육 경력에 따른 진로를 생각하는 것은 매우 의미 있는 성찰입니다. 교사는 자신이 중요하게 여기는 가치에 따라 특정 영역의 전문성을 갖추어 진로에 변화를 줄 수 있습니다. 다음과 같은 '임용' 및 '전직' 가운데 어느 진로를 선택하든 해당 직위와 직무에 대한 전문성과 책무성 그리고 교육자로서의 인품을 갖추는 것이 그 무엇보다 중요하다는 것을 잊어서는 안 될 것입니다.

- 교사 · 교감 · 교장이 교육부 · 교육청의 교육전문직원으로 전직
- 교육전문직원(장학관, 장학사, 교육연구관, 교육연구사)이 교감 · 교장으로 전직
- 매년 '교육 경력' '근무성적' '연수성적' '가산점'의 점수를 합산하여 승진후보자 명부에 등재되고, 당해 연도에 정해진 선정 인원 내에서 점수가 높은 순서대로 교감으로 임용되며 교감을 대상으로 한 각종 평정 점수를 합산하여 교장으로 임용
- 교육 경력 15년 이상 또는 법령에 따른 조건을 갖추고 공모를 통해 교장으로 임용
- 교육 경력 15년 이상인 교원으로 '수업 및 학생평가' '현장 연구' '수업 컨설팅'에 관한 전문성을 갖추고, 선발 과정을 거쳐 자격을 취득한 후 교사의 교수 · 연구를 지원하는 수석교사로 임용
- 교장의 재임 기간을 마치고 원로교사로 임용

TIP

- 다음은 인사 관련 법령, 지침, 요령입니다. 「교(원)장·교(원)감·수석교사·정교사 자격연수 표준교육과정」「교원 등의 연수에 관한 규정 시행규칙」 제4조의2(수석교사 자격연수 대상자의 선발), 「교원 등의 연수에 관한 규정」 제6조(연수의 종류와 과정)·제7조(연수기간)·제20조(평가항목), 「교원연수 이수실적의 기록 및 관리 요령」「교원자격검정령」 제18조(무시험검정의 대상)·제19조(무시험검정의 방법 및 합격기준), 「교육공무원 승진규정」「교육공무원 승진규정」 제2조(적용대상)·제28조의2(근무성적평정 및 다면평가의 실시 등)·제28조의3(평정표 등)·제28조의4(평정자 등)·제28조의5(평정 등의 예외)·제28조의6(근무성적평정 및 다면평가 합산점의 분포비율)·제28조의7(평정 등의 채점), 「교육공무원 인사관리규정」 제31조(심의 사항 등), 「교육공무원법」 제6조의2(수석교사의 자격)·제7조(교장·교감 등의 자격)·제9조(교육전문직원의 자격)·제13조(승진)·제29조의3(공모에 따른 교장 임용 등)·제29조의4(수석교사의 임용), 「교육공무원임용령」 제9조의7(수석교사의 임용제한 등)·제9조의8(수석교사의 우대)·제14조(승진임용방법), 「교장·원장임기제실시업무처리지침」「수석교사 연구활동비 지급에 관한 규정」「수석교사의 재심사에 관한 규칙」「유아교육법」 제22조(교원의 자격), 「초·중등교육법 시행령」 제12조의5(공모 교장 등의 임용·평가 등)·제12조의6(공모 교장의 자격기준 등)·제105조의2(공모 교장의 자격 등), 「초·중등교육법 시행령」 제12조의5(공모 교장 등의 임용·평가 등)·제12조의6(공모 교장의 자격기준 등)·제105조의2(공모 교장의 자격 등), 「초·중등교육법」 제19조(교직원의 구분)·제20조(교직원의 임무)·제21조(교원의 자격), 「인사관리원칙」「인사관리기준」「평정업무 처리 요령」「평정편람」
- 시·도교육청의 「인사관리원칙」「인사관리기준」「평정업무 처리 요령」「평정편람」과 같은 원칙, 지침, 요령, 계획 등에 관한 명칭은 시·도별로 약간의 차이를 보입니다.

Q8 예비교사 양성기관에서 ○○교과교육을 전공하고 □□교과를 복수 전공했습니다. 현재는 ○○과목으로 발령을 받아 가르치고 있는데 전공한 과목에 대한 흥미가 점차 떨어져 복수 전공한 교과로의 전과를 고려하고 있습니다. 어떻게 하면 좋을까요?

해답 구상하기

A8 교사가 된 이후 전공한 분야가 적성에 맞지 않는다는 것을 깨닫는 경우가 있습니다. 그럴 때 다른 교과의 전문성과 자격을 갖추고 전과 또는 이직을 할 수 있는 기회가 다음과 같이 있습니다.

- 교사 수급의 변동으로 인한 복수 또는 부전공 자격연수 후 전과
- 진로와 직업 교사로의 전과
- 석사·박사 과정에서 적성에 맞는 분야로 자격증 취득 후 전과
- 석사·박사 과정에서 교육과정, 교육평가, 교육행정, 교과교육, 교육정보 등에 대한 고도의 전문성을 갖추고, 고등교육기관이나 한국교육과정평가원, 한국개발원, 한국교육학술정보원 등으로 이직

현재 고교학점제를 위해 학교 간 공동 교육과정이 운영되고 있습니다. 학생의 선택권을 확대하기 위해서 희망 과목을 최대한 개설하고 있는 실정입니다. 이와 관련해 철학, 논리학, 심리학, 교육학, 종교학, 보건, 환경, 실용 경제, 논술 등을 가르칠 교사로 지원해서 선발되면 적성에 맞는 분야에서 학생을 지도할 수 있습니다.

전과를 위해서는 철저한 준비가 필요합니다. 예를 들면, ① 고교학점제 누리집(www.hscredit.kr)을 통해 고교학점제에 대한 정보 확인하기, ② 전과나 비교과 교사로의 전환 등에 대한 정보를 해당 교육청 교원인사과 담당자에게 구체적인 내용으로 질의하고 답변받기, ③ 교과 지도 이외에 동아리나 방과후 활동을 통해 적성에 맞는 분야 지도하기, ④ 대학원 진학 계획하기 등이 있습니다.

Q9 현재 자신의 전문적인 성장의 상태와 학교 조직과 활동에의 참여 정도를 진단해 볼 수 있을까요?

🔊 해답 구상하기

A9 조이스, 허쉬, 맥키빈(Joyce, Hersh, & McKibbin, 1983: 161-168)은 능력개발체제의 참여 영역과 '교수' '학문내용' '교육과정' '일반교양지식'에 대한 전문직적 성장 상태의 인식 매트릭스를 만들었습니다. 즉, [그림 3-3]과 같이 '① 학위 과정 및 장학 등의 공식체제, ② 소속한 체제 속에서 타인과 교류하는 등의 비공식적 상호교환체제, ③ 독서, 문학, 스포츠, 여행, 여가 등의 개인적 활동'의 세 가지 참여 영역과 '성장 탐닉가' '능동적 소비자' '수동적 소비자' '참호 수호자' '성장 회피자'의 전문직적 성장 상태로 구분하여 제시하였습니다(주삼환, 2009: 290-291).

개인적 발전에 매우 적극적인 교사인 '성장탐닉가'는 '① 공식체제, ② 비공식 상호교환체제, ③ 개인적 활동' 영역 모두에서 열성을 보이는 '전체적 탐닉가'와 이 가운데 어느 하나에 몰두하는 '부분적 탐닉가'로 구분됩니다. '능동적 소비자'는 '탐닉가'의 상태보다는 덜 솔선하지만 아주 활동적입니다. '수동적 소비자'는 기회가 주어져도 거의 새로운 활동을 추구하지 않습니다. '참호수호자'는 어떤 훈련이 있을 때 쉽게 시도하지 않고 자기만의 방식을 고수하려고 합니다. '성장회피자'는 공식적 체제를 회피하고 직무상의 비공식적 상호작용체제에도 거의 참여하지 않습니다(주삼환, 2009: 291-294). [그림 3-3]에 비춘 자신의 모습이 '성장 탐닉가' 또는 '능동적 소비자'의 성향이 높으면, 현재 몸담고 있는 교직이 자신의 흥미와 적성에 맞는다고 할 수 있습니다.

영역		
	공식 체제	비공식적 상호교환	개인적 유형

		공식 체제	비공식적 상호교환	개인적 유형
성 장 상 태	성장 탐닉가			
	능동적 소비자			
	수동적 소비자			
	참호 수호자			
	성장 회피자			

[그림 3-3] **전문적 성장 상태와 참여 영역의 매트릭스**

자료: Joyce, Hersh, & McKibbin (1983); 주삼환(2009), p. 291 재인용; 정일화 외(2024), p. 49.

Q10 연수에 참여하는 방법과 추천할 만한 연수를 알고 싶습니다.

🔈 해답 구상하기

A10 연수는 공문을 학교로 보내서 연수생을 모집하거나 교사 스스로 관심 분야를 찾아서 참여하게 됩니다. 연수의 개설은 ① 중앙교육연수원, ② 교육연수원 등 교육청 직속 기관, ③ 교직단체 부설의 특수분야 직무연수기관, ④ 대학교의 연수원이나 평생교육기관, ⑤ 민간의 특수분야 직무연수기관 등이 있습니다. 또한 뜻을 같이하는 교사들이 연수 프로그램을 직접 구성하여 교육청 직속 기관인 연수원에 특수분야 직무연수로 신청하여 운영하기도 합니다. 연수 프로그램은 교과 전공은 물론이고, 주식, 부동산, 은퇴 설계, 취미활동, 자격증 취득 분야 등 다

양합니다. 추천할 만한 연수는 개인의 관심과 필요에 따라 다를 수 있기에 언급하기가 어렵지만, 서울대학교 행복연구센터에서 진행하는 행복교육 연수(happinessclass.snu.ac.kr)는 호평을 받고 있습니다.

Q11 교사의 현장연구에 대해 알고 싶습니다.

🔊 **해답 구상하기**

A11 현장연구는 교사가 교육활동 과정에서 당면하는 문제의 개선 또는 해결 사례를 일반화하기 위해 수행합니다. 현장연구는 승진과 진로를 위한 활동도 되지만, 교사의 전문성과 학생에 대한 이해를 높이려는 중요한 의미가 있습니다.

관련 공문은 주로 1~4월 사이에 발송됩니다. 때로는 연구회 및 학회지 등을 통해 안내되기도 합니다. 현장연구의 선행 자료는 교육청 직속 기관인 교육연구정보원 및 한국교원단체총연합회의 연구대회 누리집에 탑재되어 있습니다. 보고서는 표절 검사를 거치며, 부정한 방법으로 연구에 참여하면 불이익을 받게 됩니다.

보고서의 구성은 연구의 필요성, 연구 주제의 선정, 선행 연구 분석 및 이론적 고찰, 연구의 설계, 연구의 실행, 결과 및 시사점의 도출, 제언 등의 형식을 갖춥니다. 최근 학생을 대상으로 하는 연구의 윤리성을 확보하기 위해 개인정보가 노출되지 않게 하고, 양적 연구와 질적 연구를 병행하는 것이 일반적인 동향입니다.

- 한국학술지인용색인(www.kci.go.kr) 논문 검색
- 학술연구정보 서비스(www.riss.kr) 최신/인기 학술자료
- 한국교육과정평가원(www.kice.re.kr) 자료마당-연구보고서
- 한국교육개발원(www.kedi.re.kr) 연구사업-연구자료
- 한국교육학술정보원(www.keris.or.kr) 지식정보
- 한국교원단체총연합회(www.kfta.or.kr) 연구대회/자료전

〈표 3-1〉 연구대회 예시

규모	대회명	개최 단체
전국*	수업혁신사례연구대회	교육부
	진로교육실천사례연구발표대회	교육부
	자유학기제 실천사례 연구대회	교육부
	인성교육실천사례연구발표대회	교육부 · 한국교육개발원
	학교통일교육 연구대회	교육부 · 국립통일교육원
	전국과학전람회 관련 학생작품지도논문연구대회	과학기술정보통신부 · 국립중앙과학관
	전국학생과학발명품경진대회 관련 학생작품지도논문연구대회	과학기술정보통신부 · 국립중앙과학관
	전국교원발명연구대회	특허청
	교육정보화연구대회	한국교육학술정보원
	전국교육자료전	한국교원단체총연합회
	전국현장교육연구대회	한국교원단체총연합회
	전국초등교육연구대회	한국교원단체총연합회
	전국특수교육연구대회	한국특수교육총연합회
	과학교육연구대회	한국과학교육단체총연합회
	전국학교체육연구대회	대한체육회
	전국농업교사현장연구대회	한국농업교육협회
	교육방송연구대회	한국교육방송공사
지역**	(예시) 특성화교육실천사례연구대회, 생활지도실천사례연구대회, 음악 · 미술지도실천사례연구대회, 체육지도사례연구보고대회, 교육정보화연구대회, 교재개발연구위원연구대회, 기능선수지도사례연구보고대회, 교원미술작품공모전 등	

* 교육부의 「연구대회 관리에 관한 훈령」[별표1] 전국규모연구대회의 순서를 수정함.
** 지역대회의 명칭은 교육청마다 다양함.
자료: 정일화 외(2024), pp. 56-57.

Q12 어떻게 하면 수업을 잘할 수 있는지 고민입니다. 때로는 수업이 두렵기도 하고 어렵습니다. 실제 수업에서 임용고시의 수업실연을 준비하며 그린 교실과 학생들의 모습과는 거리감이 느껴집니다. 수업을 잘하는 동료 교사, 선배 교사의 도움을 받으며 수업 전문성이 높은 교사로 성장하려면 어떻게 해야 될까요?

🔊 해답 구상하기

A12 수업을 잘하고 싶고 수업이 두렵기도 하다는 선생님의 마음에 백 번 공감합니다. 누구에게도 말하기 어려운 진솔한 속내를 드러낸 용기에 응원의 박수를 보내며 수업 전문성이 높은 교사로 성장하기 위한 방법을 다음과 같이 제안하고 싶습니다.

- 또래 교사, 선후배 교사와 수업 고민에 대해 진솔하게 담화하기
- 자주 자신의 수업을 녹화하고 영상에 비친 수업 장면에서 놓친 부분 찾기
- 동료 교사를 수업에 초대하여 수업 나눔과 분석 등 함께 수업 성찰하기
- 또래 교사의 수업을 많이 참관하기
- 선배 교사, 수석교사의 수업을 참관하고 수업 나눔 부탁하기
- 연구학교의 특정 수업 공개에 참관하기
- 연구학교의 연구 주제로 특정 수업을 공개하기
- 수업을 주제로 현장연구를 실행하는 교사의 수업 참관하기
- 수업 영역에서 현장연구를 실행하며 수업 공개하기
- 수업 공개, 수업 성찰과 나눔을 하는 교사 연구 모임에 참여하기
- 수업일지, 수업 성찰지를 꾸준히 작성하기

자신의 수업에 대한 이해와 격려를 받으면서 자신의 수업이 직면한 과제에 도전하고 수업 평가도 받을 필요가 있습니다. 자발적으로 수업코칭을 의뢰하는 것 자체가 수업의 전문성을 키우는 데 가장 중요한 선택입니다. 학교에서 교육청에 수업장학을 요청할 때 자원하고, 교수법 등 수업을 실계하는 단계에서부터 수석교사에게 수업코칭을 의뢰하면 큰 도움이 됩니다. 일회성이 아니라 여러 차례 수용적 자세로 코칭을 받는 것이 바람직합니다.

최근 학교에서 수업 공개와 수업 나눔은 일상적 수업 공개, 요청 과제가 있는 수업 공개, 연구 수업 공개 등이 있습니다. 수업을 참관하는 동료 교사들은 수업한 교사의 수업을 이해하고 격려하며 성찰을 돕기 위해 노력합니다. 수업 후 수업 나눔 시간에 수업한 교사의 고민과 성찰을 경청하고 수업을 참관한 교사는 수업에서 가르침과 배움의 지점이 이루어진 구체적 상황 등에 대한 생각을 밝힙니다. 이처럼 동료애를 발휘하여 서로의 성장을 돕는 공동체가 될 때, 가르치면서 겪게 되는 어떠한 문제도 해결할 수 있고 새로운 교수 방법에도 선뜻 도전할 수 있을 것입니다.

💡 TIP -

- 수업디자인 연구소: sooupjump.org/board/view.php?bdld=notice&sno=19
- 수업과 성장 연구소: www.facebook.com/growth.or.kr
- 좋은교사 수업코칭연구소: cafe.daum.net/happy-teaching

Q13 교사를 위한 국외 특별연수 프로그램이 있다고 들었습니다. 참여하려면 어떤 준비가 필요할까요?

📢 해답 구상하기

A13 교육청마다 체험연수의 일환으로 관련 계획이 공지됩니다. 연수 주제는 교육청에서 결정하고, 희망 혹은 추천된 교원 가운데 적격자를 선발합니다. 예를 들면, 〈표 3-2〉와 같은 국외 체험연수 등이 있습니다.

〈표 3-2〉 **국외 체험연수 신청 안내 공문 예시**

제목 [신청] ○○○○년 역사 · 평화 · 통일 역량 강화를 위한 국외 체험연수 신청

1. 관련: ○○○○교육과-△△△△(○○○○. ○○. ○○.)
2. ○○○○년 역사 · 평화 · 통일 역량 강화를 위한 교사 · 학생 국외체험 연수를 아래와 같이 실시
   하오니, 대상자가 신청할 수 있도록 안내하여 주시기 바랍니다.
   가. 연수명: ○○○○년 역사 · 평화 · 통일 역량 강화를 위한 교사 · 학생 국외체험 연수
   나. 일시: ○○○○. ○○. ○○. (금) ~ ○○. ○○. (토) ○박 ○일
   다. 연수장소: 독일 일원
   라. 대상
      1) 학생: 지역학생회 연합회 임원 14명
      2) 교사: 역사 · 평화 · 통일 업무담당자 14명
   마. 연수내용: 통일 이후의 독일의 변화, 현지 학교와 기관 방문 등

국외 체험연수 계획서는 지원자가 선정한 주제와 연수 목적 및 지원동기, 연수 활용 계획, 수업 및 생활지도와 연계한 활동 계획 등으로 작성합니다. 지원자가 그동안 국외 체험연수와 관련된 연구자료 개발이나 연구회 활동 실적이 있으면 선발에 유리합니다. 공무로 가는 국외여행, 국외 체험학습 후에 이에 대한 결과 보고서를 작성할 때, 교육청 누리집에 탑재된 기존 자료의 형식 등을 참고할 수 있습니다. 예를 들면, '전라남도교육청 누리집(www.jne.go.kr) → 교육정보모두 → 장학 · 연수 · 교육 → 장학/연수 → 국외연수'의 경로를 밟으면 기존의 국외 체험연수 보고서를 볼 수 있습니다.

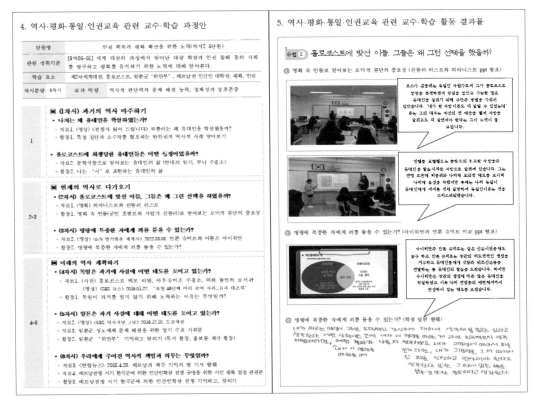

[그림 3-4] 국외 체험연수 보고서 일부 예시

자료: A중학교 교사의 국외 체험연수 보고서에서 발췌함.

Q14 학교생활과 학위 과정을 병행하는 데 한계를 느끼고 있습니다. 이런 경우 어떻게 하면 좋을까요?

🔈 해답 구상하기

A14 전문성을 높이려는 선생님을 응원합니다. 학교생활을 하면서 학위 취득을 위한 시간을 갖는다는 것은 심적인 부담과 함께 체력적, 경제적으로 어려움이 따릅니다. 연구에 좀 더 집중하고 싶으면 다음과 같은 제도를 이용할 수 있습니다. 유의할 점은 휴직 사유에 따른 복무에 충실해야 한다는 것입니다.

- 연수휴직: 교육부장관 또는 교육감이 지정하는 국내외 연구 기관 및 교육 기관 등에서 연수할 때 가능합니다. 3년 이내의 기간에 한하며 보수는 지급되지 않습니다. 경력은 50% 인정되며 학위를 취득하면 호봉의 재획정이 가능합니다.

- 자율연수 휴직:「공무원연금법」제25조에 따라 재직 기간이 10년 이상인 경우, 자기 개발을 위해 재직 기간 중 1회 1년까지 신청할 수 있습니다. 이 기간에 보수는 지급되지 않고 호봉이나 경력도 인정되지 않습니다. 이 기간 동안에는 학위논문 작성, 대학 출강, 자격증 취득, 책 집필 등을 할 수 있고, 여행 등 재충전의 시간을 보낼 수 있습니다. 신청 절차는 활동 계획서를 학교에 제출하고 학교인사자문위원회를 거쳐 학교의 장이 추천하면 교육청에서 허가를 합니다. 교원 수급 등을 고려해 허가 여부가 결정되기 때문에 신청자가 과다하면 제한될 수 있습니다.

- 석사 과정(파견): 예비교사 양성기관에서 운영하는 ○○대학교 현직 교직원 특별과정(석사 파견), ○○대학교 대학원 석사 과정 특별 전형(교사 파견), ○○대학교 정책융합 전문대학원 특별과정(교육 파견) 등이 있습니다.

- 유학 휴직 및 동반 휴직: 학위 취득을 목적으로 해외 유학을 하거나 외국에서 1년 이상 연구 · 연수하게 된 때, 배우자가 국외 근무를 하거나 학위 취득 목적으로 해외 유학을 할 경우, 동반 휴직을 할 수 있습니다.

제4장

교원의 복무

Q15 「국가공무원법」에서 특정 정당 또는 특정인을 지지하는 행위를 금지하는 범위는 어디까지인가요? 선거운동이 금지되는 국·공립학교 및 사립학교 교사가 교육활동과 관련이 없는 개인 SNS에 선거와 관련된 글을 공유하는 것은 괜찮을까요?

🔈 해답 구상하기

A15 「헌법」에 보장된 표현의 자유는 기본권에 속합니다. 공무원의 정치적 의사 표현을 제한한 규정은 기본권을 제한한다는 논쟁이 계속되고 있습니다. 대법원의 판례를 살피면, SNS에 단순 링크를 걸거나 의견을 개진하는 것은 괜찮으나, 선거운동으로 여겨질 수 있는 내용을 게시하거나 투표 당일 투표한 투표지를 찍어서 올리는 것은 안 됩니다. 이해를 돕기 위해 신문에 실린 사례를 소개합니다.

총선을 앞두고 ○○ 교사는 자신의 SNS □□에 7차례에 걸쳐 특정 정당을 지지하거나 특정 후보자를 비판하는 신문 기사 누리집 주소를 게시하고 일부에는 직접 쓴 글도 함께 올렸다가 재판에 회부되어, 1심 선고유예, 2심 벌금 50만 원, 대법원에서 무죄를 선고받았다. ○○ 교사는 당시 △△당 후보자들을 비하한 기사를 공유하거나, △△당 후보자 발언이 담긴 기사를 게시하며 비난 글을 작성하기도 했다. 2심은 "SNS □□에 올린 기사에는 특정 선거에서 한쪽 정당을 비판하는 내용이 담겨 있고 전파성이 높은 SNS □□ 특성상 선거 여론 형성에 큰 몫을 차지하고 있어, 이런 기사가 공유되면 선거운동 제한을 피하려는 탈법수단으로 활용될 수 있다."라고 밝혔다. 반면, 대법원은 "인터뷰 기사를 링크하며 소개하는 내용의 원글을 공유한 행위만으로는 특정 선거에서 특정 후보자의 낙선을 도모하기 위한 목적 의사가 객관적으로 명백히 인식될 수 있는 행위라고 볼 수 없다."라고 밝혔다. 게시한 글의 내용과 게시 횟수 등 여러 행위를 종합해서 낙선을 도모하려는 목적과 의사가 있었는지, 그것이 객관적으로 인정되는지에 따라 판단이 엇갈린 것이다(김정필, 2020. 3. 29.).

Q16 「학교안전사고 예방 및 보상에 관한 법률」과 「학교폭력예방 및 대책에 관한 법률」 등 법령에서 정한 법정의무교육에는 어떤 것이 있으며, 교육을 받지 않으면 어떤 불이익을 받게 되나요?

🔊 해답 구상하기

A16 교사가 받아야 하는 법정의무교육이 있습니다. 법정의무교육을 받지 않아도 현재로는 신분상 처벌받지 않지만, 관련 사고나 문제가 발생한다면 법적 책임의 정도가 달라질 수 있습니다. 법적 근거에 따라 교사가 이수할 연수는 〈표 4-1〉과 같습니다. 중앙교육연수원과 교육청의 교육연수원 누리집에서 법정의무연수를 확인할 수 있습니다.

〈표 4-1〉 **교원 대상 법정의무교육**

연수 내용	시간
학교안전교육	3년마다 15시간 이상
심폐소생술 등 응급처지에 관한 교육	3시간 이상(실습 2시간)
긴급지원대상자의 신고의무 관련 교육(산학 겸임교사 · 강사 포함)	연 1시간 이상
학교폭력예방교육	학기별 1회 이상
교육활동 침해행위 예방교육	연 1회 이상
장애인식개선 교육	연 1회 이상
장애인학대 및 장애인 대상 성범죄 예방 및 신고의무 교육	연 1시간 이상
아동학대 예방 및 신고의무자 교육	연 1시간 이상
성희롱 · 성폭력 · 성매매 · 가정폭력 예방교육	연 각 1시간 이상(총 4시간 이상)
인성교육	연 1시간 이상
통일교육	연 1회 이상(1시간 이상)
다문화 교육	3년마다 15시간 이상(연 시수 누계 포함)
학습부진아 등의 학습능력 향상을 위한 연수	규정 없음
선행교육 및 선행학습 예방교육	규정 없음
이해충돌방지법 교육(사립학교 제외)	연 1회 이상
부패방지교육	연 1회 이상(2시간 이상)
부정청탁 금지 및 금품 등 수수의 금지에 관한 교육	연 1회 이상
정보공개 제도 운영에 관한 교육	연 1회 이상
적극 행정 관련 교육	연 1회 이상
교육활동 침해행위 예방교육	연 1회 이싱

자료: 중앙교육연수원(www.neti.go.kr)의 자료를 보완함; 정일화 외(2024), p. 71.

Q17 외부강의 신고는 철저히 해야 한다고 들었습니다. 외부강의의 신고 기준을 알고 싶습니다.

🔊 해답 구상하기

A17 외부강의 및 겸직 허가와 관련한 규정을 숙지하지 못해서 징계 등 불이익을 받는 일이 종종 발생합니다. 「공무원 행동강령」에 따르면, 외부강의는 자신의 직무와 관련되거나 그 지위·직책 등에서 유래 되는 사실상의 영향력을 통하여 요청받은 **교육·홍보·토론회·세미나·공청회** 또는 그 밖의 회의 등에서 한 **강의·강연·기고** 등을 의미합니다. 「정부조직법」에 따른 중앙행정기관, 국가인권위원회 및 개별법에 따른 행정기관, 광역 및 기초 지방자치단체, 시·도교육청, 국·공립 유치원, 국·공립 초·중·고등학교, 국·공립대학 등은 신고에서 제외됩니다. 한국교육개발원 등 「공직자윤리법」에 따른 공직유관단체는 요청공문에 따르더라도 사례금을 받은 경우는 신고해야 합니다. 다음의 경우는 외부강의에 속하지 않습니다(국민권익위원회, 2023: 93).

- 국가 및 지방자치단체와 그 소속 기관의 요청에 의한 것
- 소속 학교의 장·기관의 장에게 사전 겸직 허가를 받은 학교로의 출강
- 사회자와의 개별 방송 인터뷰
- 서면으로 심사 또는 자문 등
- 시험출제위원으로 위촉된 출제 업무
- 각종 법령에 의한 위원회의 위원으로 위촉된 회의 참가

● 각종 연주회, 전시회 등에서의 연주, 공연, 전시 등

Q18 외부강의 신고의 상세한 절차와 유의할 사항에 대해 알고 싶습니다.

📢 해답 구상하기

A18 모든 외부강의는 요청한 기관의 공문에 따라 사전에 신고하는 것이 원칙입니다. 사전 신고 또는 외부강의 종료 후 10일 이내에 신고할 때, 사례금 총액이나 상세명세를 알 수 없으면 해당 사항을 제외한 나머지를 우선 신고한 후, 해당 사항을 안 날로부터 5일 이내에 보완신고를 해야 합니다. 이때 최초신고서 제목이 'ㅇㅇ**강의**'이면, 보완신고의 제목은 'ㅇㅇ**강의(보완신고)**'로 하고, 비고란에 보완신고 사유를 필히 기재해야 합니다. 외부강의 신고와 관련해서 유의할 사항은 다음과 같습니다(대전광역시교육청, 2023b).

● **일시**는 신고 시 화면에 자동으로 노출되는 시각을 반드시 수정하여, 외부강의

시작 및 종료 시각을 입력

● **장소**는 외부강의를 하는 장소를 입력하고, 온라인의 경우 '자택/온라인' 등 명시

● **강의시간**은 실제 요청받은 소요시간을 입력. 동영상 강의는 원고 작성과 촬영시간을 미포함한 '송출시간', 기고는 최종본 송부일을 기준하고, 강의시간 대비 사례금 총액으로 상한액 준수 여부를 점검하므로 정확하게 입력

● **강사료**는 원고료를 포함하여 세전(稅前) 금액으로 입력

● **요청비고**는 결재 시 참고사항을 반드시 상세하게 기재

● **요청자**는 기관명, 부서, 담당자, 연락처, 관련 공문번호를 입력하고, 해당 공문 첨부

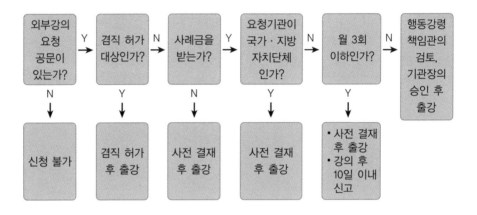

[그림 4-1] **외부강의 신고**

자료: 서울특별시교육청(2023), p. 57.

다음의 [그림 4-2]의 굵은 테두리로 표시한 '요청비고'에는 〈표 4-2〉의 예시처럼 결재자가 참고할 내용에 대해 구체적으로 기록합니다. 대부분 학교에서 결재 경로는 위임·전결 규정에 따라 행동강령 책임관인 교감이 최종 결재권자인 경우가 일반적입니다.

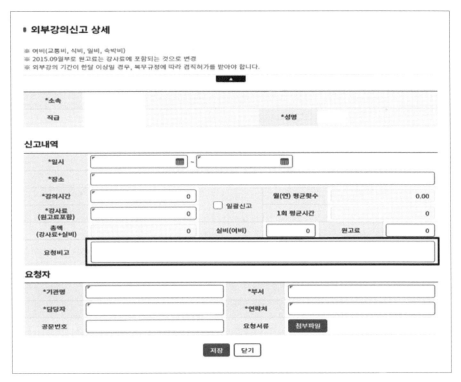

[그림 4-2] 교육행정정보시스템의 외부강의 신고 등록 화면

〈표 4-2〉 '요청비고' 작성의 예시

1. 근거: □□□□고등학교-△△(○○○○. ○○. ○○.) 교원 역량 강화 연수
2. 유형: 특강
3. 주제: 학급관리와 학생과의 관계
4. 기타: 정확한 외부강의 사례금 총액은 추후 보완신고 예정

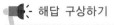 **Q19** 정기적으로 대학에서 강의하게 되면 복무 처리는 어떻게 해야 하나요?

🔊 해답 구상하기

A19 대학의 강사나 겸임교수로 위촉되어 출강할 때와 1개월을 초과하여 지속해서 출강할 때는 대가나 횟수와 관계없이 겸직 허가를 받아야 합니다. 겸직 허가를 받는 경우를 제외하고 대가성 외부강의는 월 3회로 제한됩니다. 이를 초과하는 경우, 미리 기관장의 승인을 받아야 합니다. 요청한 기관에서 송부한 공문에 의거해서, '검토자–교감' '결재자–교장'의 단계를 거쳐 사전에 겸직 허가를 받으면 외부강의 신고는 하지 않아도 되고, 근무시간 중의 해당 일시에 대한 복무 처리를 하면 됩니다.

Q20 사립학교에 특강을 나가려면 외부강의 신고를 해야 하나요?

🔊 해답 구상하기

A20 사립인 유치원·초·중·고등학교뿐 아니라 한국교육개발원, 한국교육과정평가원, 한국교육학술정보원, 사립대학교, EBS에서 사례금이 지급되는 특강 등을 요청받으면 외부강의 신고 절차를 밟아야 합니다.

Q21 교사로 임용되기 전부터 여행과 관련된 콘텐츠를 유튜브(YouTube)에 올리는 크리에이터로 활동하고 있습니다. 현재 광고 수익은 없는데 겸직 허가를 받아야 하나요?

📢 해답 구상하기

A21 여행한 경험을 사람들과 공유하는 것은 삶을 풍요롭게 하는 의미 있는 일이라고 생각합니다. 인사혁신처의 「국가공무원 복무·징계 관련 예규」의 '공무원 인터넷 개인방송 활동 지침'을 살펴보면, 직무와 관련 없는 취미, 자기계발 등 사생활 영역의 개인방송 활동은 원칙적으로 규제 대상이 아닙니다. 직무와 관련된 활동은 소속 기관의 장에게 사전 보고와 협의를 거쳐야 가능합니다. 활동할 때는 ① 공무원으로 품위 유지와 본연의 직무에 충실하고, ② 직무상 알게 된 비밀 누설을 금하고, ③ 정치적 중립에 유의하고, ④ 저작권 및 초상권 등 타인의 권리를 침해해서는 안 됩니다. 다음은 공무원의 인터넷 개인방송 활동 지침입니다(인사혁신처, 2023. 10. 25.).

- (수익창출 요건 유) 인터넷 플랫폼에서 정하는 수익창출 요건을 충족하고, 이후에도 계속 개인방송 활동을 하고자 하는 경우

  예 유튜브는 구독자 1,000명, 연간 누적재생시간 4,000시간 이상

- (수익창출 요건 무) 인터넷 플랫폼을 통해 수익이 최초 발생하고, 이후에도 계속 개인방송 활동을 하고자 하는 경우

- 겸직 신청 대상에 해당한 경우 새로운 콘텐츠 공유 전에 신청

- 공무원 임용 전 겸직 신청 대상에 해당하고 공무원 임용 후에도 그 활동을 계속하고자 하는 경우, 임용된 날로부터 1개월 이내에 겸직 허가 신청

- 겸직 허가 기간은 최대 1년, 겸직 연장의 경우 겸직 허가 종료일 1개월 이전까지 소속 기관의 장에게 신청

Q22 국립대학교의 교수가 연구책임자인 교육부 정책연구의 공동연구자 또는 연구보조원으로 참여할 때, 필요한 절차가 있나요?

📢 해답 구상하기

A22 교육부 또는 교육청에서 발주하는 정책연구는 연구책임자가 소속된 대학교의 산학협력단을 거쳐 경비가 집행됩니다. 국립대학교 교원이 연구책임자라 하더라도 소속된 대학교의 별도 법인인 산학협력단을 통하게 됩니다. 따라서 이때는 외부강의 신고 또는 겸직 허가를 받아야 합니다.

〈겸직 허가 대상 불허〉
• 비영리법인의 당연직 이사. 단, 사기업체의 사외이사 및 수익사업을 직접 운영하는 공무원 친목단체 의 임원직은 불허
• 공동주택의 입주자 대표, 관리 · 감사 등. 단, 대규모 공동주택이나 자치관리방식으로 운영되는 입주자 대표회의의 임원 등은 직무 능률을 저해하면 불허
• 블로그를 계속적으로 제작 · 관리하여 수익을 얻는 행위. 단, 블로그 내용이 공무원으로서 부적절한 내용 또는 정책수행 등에 반하면 불허
• 애플리케이션 · 이모티콘을 계속적으로 제작 · 관리하여 수익을 얻는 경우. 단, 그 내용이 공무원으로 서 품위를 훼손하거나 직무상 알게 된 비밀을 이용하면 불허
• 야간 대리운전 및 다단계 판매업 불허

〈겸직 허가 대상 가능〉
• 임대사업자로 등록하고 주택 · 상가 등을 임대하는 행위가 지속성이 없는 경우에는 허가 대상이 아니나, 다수 소유하여 관리하거나 수시로 매매 · 임대하는 등 지속성이 있는 업무로 판단되는 경우 가능
• 일회적인 저술 · 번역 등 행위는 해당하지 않으나, 주기적 업데이트 및 월 몇 회 · 연 몇 회 등 기간을 정한 행위의 지속성이 인정되는 경우 가능
• 직접 서적을 출판 · 판매하는 행위 및 주기적으로 학습지 · 문제지 등을 저술하여 원고료를 받는 경우 가능

자료: 인사혁신처(2023. 10. 25.), pp. 194-211.

Q23 방학 중에 계절제 대학원을 다니고 있습니다. 복무 처리는 어떻게 해야 하나요?

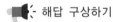 해답 구상하기

A23 **계절제** 대학원이나 **야간제** 대학원에서 수강하는 경우는 근무시간 내의 수업에 지장이 없는 한 학교의 장에게 허가를 받고 '출장(연수)' 및 '여비

부지급'으로 복무 처리를 할 수 있습니다. **주간** 대학원은 교육활동에 지장을 받지 않는 범위 내에서 소속 기관장의 허가 등 법령이 정하는 바에 따라 외출, 조퇴, 연가 등을 활용하여 수학이 가능합니다. 야간제 대학원이라고 하더라도 장거리 수강이나 근무시간 내에 운영되면, 주간 대학원에 준한 복무로 처리될 수 있습니다(교육부, 2016: 235).

Q24 방학 중 해외여행을 다녀오려고 합니다. 학교에서는 '제41조 근무지 외 연수'로 복무 처리를 하고 사유를 '국외 자율연수'로 적으라고 하는데, 허가받는 것이 번거로워서 연가를 쓰려고 합니다. '제41조 근무지 외 연수'로 처리하는 것과 연가를 쓰는 것에는 어떤 차이가 있나요?

📢 해답 구상하기

A24 국외여행은 「국가공무원 복무규정」에 따라 본인의 휴가기간의 범위 내에서 가능합니다. '공무 외 국외여행'이 자율연수의 목적이면, 「교육공무원법」 제41조 규정에 따른 '연수기관이나 근무 장소 외의 시설 또는 장소에서의 연수'로 할 수 있습니다. 이렇게 하는 이유는, 교사의 다양한 활동이 학생 교육에 직·간접적으로 긍정적인 영향을 미치는 특성을 고려한 것입니다. 방학이나 연휴기간에 '공무 외 국외여행'을 할 때, 문화 체험 등의 사유라면 '제41조 근무지 외 연수'로 복무 처리를 하는 것이 바람직합니다.

해외 지질탐사 자율연수에 참여한 과학교사가 마지막 탐사장소에서 수영하던 중 물에 빠져 사망하였다. 인사혁신처장이 해당 연수는 참여 강제성이 없는 자율연수로 참가자 개인이 비용을 부담하였고, 연수 내용 및 결과에 기관장이 관여하지 않아 공무수행으로 보기 어려워 사망과 공무 사이에 인과관계를 인정하기 어렵다는 사유로 '순직유족급여 부지급 결정'을 하였다.

교육청에 등록된 교육연구회가 연수를 주최하였고, 연수의 목적과 내용이 과학교사인 갑의 교육 이론·방법 연구 및 직무수행에 필요한 능력 배양을 위한 것으로 볼 수 있으며, 갑이 학교장의 승인을 얻어 위 연수에 참여한 점, 교원의 국외자율연수는 법령과 교육청의 지침에 따라 소속 학교장의 책임하에 실시되는 점, 연수의 참가자는 모두 교사였고 연수 후 팀장이 연수결과 보고서를 작성하여 제출한 점을 종합하면, 위 연수는 참여 강제성이 없는 자율연수로 연수비용을 참가자들 개인이 부담하였더라도 소속기관의 지배나 관리를 받는 공무로 보는 것이 타당하고, …… 갑의 사망사고는 연수일정 중 연수장소에서 발생한 점, 펀풀은 방문자들의 입수가 자유로운 연못으로 둘레에 수영의 편의를 위한 보행 가능한 목조 구조물이 설치되어 있고 연수 당시 안내자 2명이 동행한 점, 연수 참가자들은 수영이 가능한 사람들이 대표로 폭포 아랫부분까지 수영하여 가 관찰하기로 하여 갑을 포함한 3명의 교사가 입수하였고, 나머지 참가자들은 주변에서 대기한 점을 종합하면, 갑이 펀풀에 들어간 행위가 연수목적에 반하거나 연수 내용과 관련이 없다고 보기 어려워 갑이 공무인 위 연수를 수행하는 과정에서 사망하였다는 이유로, 이와 다른 전제에 선 위 결정이 위법하다고 한 사례다(서울행정법원 2020. 12. 10. 선고 2020구합54401 판결: 확정[순직위험직무순직유족급여부지급처분취소]).

자료: 대한민국 법원 종합법률정보(https://glaw.scourt.go.kr); 정일화 외(2024), p. 89.

Q25 방학 때 '제41조 근무지 외 연수'를 내고 자율연수를 하는 중, 학생생활지도를 위해 09:00~20:00까지 출장을 가게 된다면 시간외근무수당을 신청할 수 있나요?

🔊 해답 구상하기

A25 규정에 따라 '제41조 근무지 외 연수' 중이라 하더라도 복무에 변경이 생기면, 기존의 결재를 취소하고 새롭게 출장 처리를 하면 됩니다. 또한 정규 근무시간 이후부터 20:00까지 해당하는 시간외근무수당을 받을 수 있습니다.

💡 **TIP** --

「공무원보수 등의 업무지침」 제7장(공무원수당 등의 업무 처리기준). ① 방학은 월간 출근(또는 출장) 근무일수에서 제외되나, 학교장의 근무명령에 따라 특별히 출근하여 「국가공무원 복무규정」에서 정한 근무시간 이상 근무하는 경우에는 정규 근무일로 간주하여 월간 출근(또는 출장) 근무일수에 포함하여 정액 지급분을 지급한다. ② 방학기간 중 출장명령에 따라 「국가공무원 복무규정」에서 정한 근무시간을 초과하여 출장업무를 수행한 경우에는 출장시의 시간외근무수당 지급방법에 따른다.

Q26 별도의 시간 외 근무를 신청한 적이 없는데 급여명세서에 '시간외근무수당(정액분)'의 내역과 지급액이 있습니다. 이것은 초과근무신청과 어떤 차이가 있나요?

🔈 해답 구상하기

A26 학교는 어느 정도 일찍 출근해서 늦게 퇴근하는 것이 일상입니다. 따라서 매월 이 정도는 근무할 시간을 초과했을 것이라 상정하고 지급하는 것이 '시간외근무수당(정액분)'입니다. 매월 15일 이상을 실근무하면 10시간의 정액분 수당 전부를 지급합니다. 실근무 일수의 계산은 1일 8시간 이상을 근무하여야 일수에 들어가고, 조퇴, 지각 등으로 인해 1일 근무시간이 8시간이 되지 않으면 실근무 일수에서 제외하고 지급합니다.

Q27 토요일 초과근무 신청을 하려고 하니 시간 외 근무, 야간근무, 휴일근무로 구별되어 있습니다. 토요일은 휴일근무로 신청해야 하는 것인가요?

🔈 해답 구상하기

A27 야간근무는 22:00~익일 06:00까지의 교대근무 형태를 말합니다. 휴일 근무는 제도적으로 휴일에 근무해야 하는 것입니다. 학교와 같이 필요에 따라서 야간이나 휴일에 근무하는 경우는 '시간 외 근무'로 복무 처리합니다. '시간 외 근무'를 할 때는 1일 4시간까지 인정됩니다. 평일에는 5시간을 초과근무로 신청 하면, 1시간을 제외한 4시간이 인정됩니다. 질문과 같이 휴무일에는 나이스(NEIS)의 초과근무종별에 '시간 외 수당'을 선택하고 '휴일' 박스에 체크를 하면 평일과 다르게 1시간이 삭감되지 않고 초과근무시간으로 계산됩니다.

[그림 4-3] 초과근무신청 시 평일(위)과 휴일근무(아래)의 시간 반영 차이의 예시

제5장
교원의 인사

Q28 교원 수에 비해 수석교사는 극소수라서 학교에서 아직 만나지 못했습니다. 수석교사는 어떻게 선발되며, 어떤 역할을 하는지 궁금합니다.

🔈 해답 구상하기

A28 수석교사는 그동안의 일원적·수직적인 교원승진체제에서 벗어나 전문적으로 교수·연구 활동을 담당하도록 신설된 별도의 직위인 교수직을 교장 등 관리직 교원과는 다르게 운영하는 제도입니다(헌법재판소, 2015. 6. 25. 2012 헌마494; 정일화, 2015). 「초·중등교육법」에 따르면, 수석교사는 교육 경력 및 교육전문직 경력이 15년 이상 및 교수·연구에 우수한 자질과 능력을 갖춘 지원자 가운데 선발되고, 대통령령으로 정하는 바에 따라 교육부장관이 정하는 연수 이수 결과를

바탕으로 검정·수여하는 자격증을 취득하여 임용됩니다. 수석교사는 「교육공무원 승진규정」의 적용을 받지 않습니다. 수석교사 자격연수 대상자는 [그림 5-1]과 같은 공개 전형 절차를 거쳐 선발됩니다.

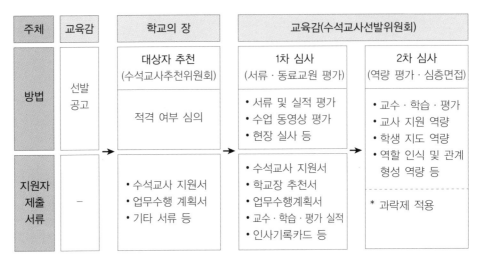

주체	교육감	학교의 장	교육감(수석교사선발위원회)	
방법	선발 공고	대상자 추천 (수석교사추천위원회) 적격 여부 심의	1차 심사 (서류·동료교원 평가) • 서류 및 실적 평가 • 수업 동영상 평가 • 현장 실사 등	2차 심사 (역량 평가·심층면접) • 교수·학습·평가 • 교사 지원 역량 • 학생 지도 역량 • 역할 인식 및 관계 형성 역량 등
지원자 제출 서류	–	• 수석교사 지원서 • 업무수행 계획서 • 기타 서류 등	• 수석교사 지원서 • 학교장 추천서 • 업무수행계획서 • 교수·학습·평가 실적 • 인사기록카드 등	* 과락제 적용

[그림 5-1] 수석교사 선발 절차

자료: 정일화 외(2024), p. 97.

수석교사의 주요 역할은 다음과 같습니다. ① 교사의 교수·연구 활동 지원, ② 수업 및 생활지도 컨설팅, ③ 신규 및 저경력 교사의 멘토링 및 코칭, ④ 교원양성기관의 교수 요원 및 교육실습 협력학교 운영 컨설팅, ⑤ 교육실습생 지도, ⑥ 교육과정 수립 등의 의사결정 전문가로 참여, ⑦ 교원 양성과 교육과정 등 교육정책 수립에 참여, ⑧ 교수·연구자료 개발, ⑨ 학습공동체 활동 지원, ⑩ 학생·교사·학부모 등을 대상으로 하는 특강 활동 등입니다.

Q29 교원이 사용할 수 있는 연가에 대해 알고 싶습니다.

해답 구상하기

A29 연간 규정된 연가의 적용 기간은 학사 일정의 학년도를 따르지 않고 매년 1월 1일에 시작해서 12월 31일에 종료됩니다. 「교원휴가에 관한 예규」에 따르면, 연가는 수업일을 제외하여 실시하는 것이 원칙이나, 다음의 경우는 수업일에도 쓸 수 있습니다.

- 본인 및 배우자 직계존속의 생일
- 배우자, 본인 및 배우자 직계존속의 기일
- 배우자, 본인 및 배우자 직계존비속 또는 형제·자매의 질병, 부상 등으로 일시적인 간호 또는 위로가 필요하다고 인정되는 경우
- 병가를 모두 사용한 후에도 계속 요양할 필요가 있는 경우
- 한국방송통신대학교 출석 수업 및 일반대학원 시험에 참석하는 경우
- 본인 및 배우자 부모의 형제·자매 장례식
- 본인 및 배우자 형제·자매의 배우자 장례식
- 본인 자녀의 입영일
- 기타 상당한 이유가 있다고 소속 학교의 장이 인정하는 경우

「교원휴가에 관한 예규」에 따르면, 다음 해 연가의 일부를 미리 당겨서 사용할 수

있습니다. 연가 일수가 없는 경우 또는 당해 재직기간의 잔여 연가 일수를 초과하는 사유가 발생한 경우에는 그다음 재직 기간의 연가 일수를 미리 사용할 수 있습니다. 단, 연도 중 휴직·퇴직예정자는 불가합니다. 연도 중 결근·휴직·정직·강등 및 직위해제된 사실이 없는 교원으로, 병가 일수가 1일 미만인 교원 및 연가 실시 일수가 3일 미만인 교원에 대해서는 재직기간별 연가 일수에 각각 1일(총 2일 이내)이 가산됩니다. 공무상 질병 또는 부상으로 인한 휴직 및 공무상 병가만을 사용한 경우에는 가산 제외 대상에 해당되지 않습니다.

〈표 5-1〉 재직기간별 연가 일수 및 인출 가능 연가 일수

재직기간	연가	인출 연가	재직기간	연가	인출 연가
1개월 이상~6월 미만	11일	3일	3년 이상~4년 미만	16일	8일
6개월 이상~1년 미만	11일	4일	4년 이상~5년 미만	17일	10일
1년 이상~2년 미만	15일	6일	5년 이상~6년 미만	20일	10일
2년 이상~3년 미만	15일	7일	6년 이상	21일	10일

자료: 정일화 외(2024), p. 113.

Q30 교직 생활을 하다 보면 다양한 이유로 인해 휴직해야 하는 경우가 발생할 것 같습니다. 휴직의 종류와 사용할 때 꼭 챙겨야 할 것이 있는지 궁금합니다.

📢 해답 구상하기

A30 휴직은 직권휴직과 청원휴직으로 구분됩니다. 휴직자는 반기별(6월 30일, 12월 31일)로 소속 기관의 장에게 '휴직자 실태 보고서'를 제출해야 합니다. 휴직 시작 후 반기별 말일이 1개월 이내면 보고를 생략합니다. 규정된 기간의 범위 내에서 휴직을 연장하려면, 신청이 만료되기 15일 전까지 신청해야 합니다. 휴직 사유가 소멸했을 때는 30일 이내에 소속 기관의 장에게 알려야 합니다. 휴직 기간이 만료되기 30일 이내에 복귀를 신고하면 당연복직이 됩니다. 질병으로 휴직할 때는 다음의 사용 순서를 참고하면 됩니다.

- 일반 질병 휴직: 일반 병가(60일) → 법정 연가 → 일반 질병 휴직(1년)
- 공무로 인한 질병 휴직: 공무상 병가(180일) → 일반 병가(60일) → 법정 연가 → 공무상 질병 휴직(3년 또는 5년까지)

〈표 5-2〉 **직권휴직**

종류	질병휴직	병역휴직	생사불명	법정의무수행	노조전임자
근거	제1호	제2호	제3호	제4호	제11호
요건	신체·정신상의 장애로 장기요양을 요할 때(불임·난임으로 인하여 장기간의 치료가 필요한 경우를 포함)	병역의 복무를 위하여 징·소집된 때	천재·지변·전시·사변, 기타의 사유로 생사·소재가 불명한 때	기타 법률상 의무수행을 위해 직무를 이탈하게 된 때	교원노동조합 전임자로 종사하게 된 때
기간	1년 이내 (「공무원연금법」에 따른 공무상 질병 또는 부상으로 인한 경우는 3년 이내)	복무기간	3월 이내	복무 기간	전임기간
재직 경력 인정	• 경력평정: 미산입 (단, 공무상 질병인 경우 산입) • 승급제한(단, 공무상 질병인 경우는 포함)	• 경력평정: 산입 • 승급인정	• 경력평정: 산업 • 승급인정	• 경력평정: 산입 • 승급인정	• 경력평정: 산입 • 승급인정

〈계속〉

결원보충	6월 이상 휴직 시 결원보충	6월 이상 휴직 시 결원보충	결원보충 불가	6월 이상 휴직 시 결원보충	6월 이상 휴직 시 결원보충
봉급	• 봉급 7할 지급 (결핵은 8할) • 공무상 질병은 전액 지급	부지급	부지급	부지급	부지급
수당	• 공통수당: 보수와 같은 율 지급 • 기타수당·휴직 사유별 차등 지급	부지급	부지급	부지급	부지급
기타	• 의사진단서 첨부				

* 표의 근거는 「교육공무원법」 제44조(휴직) 제1항임. 세부 사항은 「공무원보수규정」 제28조(휴직기간 중의 봉급감액), 「공무원수당 등에 관한 규정」 제11조의3(육아휴직수당), 「공무원보수 등의 업무 지침」 제7장(공무원수당 등의 업무 처리기준)의 규정임.
자료: 대전광역시교육청(2022a), p. 31.

〈표 5-3〉 **청원휴직**

휴직 종류	유학	고용	육아	입양	불임·난임	연수	가족돌봄	동반	자율연수
근거	제5호	제6호	제7호	제7호의2	제7호의3	제8호	제9호	제10호	제12호
요건	학위 취득을 목적으로 해외유학을 하거나 외국에서 1년 이상 연구·연수하게 된 때	국제기구, 외국기관, 국내외의 대학·연구기관, 다른 국가기관, 재외교육기관 또는 대통령령으로 정하는 민간단체에 임시로 고용될 때	만 8세 이하(취학 중인 경우 초등학교 2학년 이하)의 자녀를 양육하기 위하여 필요하거나, 여성 교육공무원이 임신 또는 출산하게 된 경우	만 19세 미만의 아동을 입양하는 경우(육아휴직 대상이 되는 아동 제외)	불임 및 난임으로 인하여 장기간의 치료가 필요한 경우	교육부장관 또는 교육감이 지정하는 국내의 연구기관·교육기관 등에서 연수하게 된 때	사고나 질병 등으로 장기간 요양이 필요한 조부모, 부모(배우자의 부모 포함), 배우자, 자녀 또는 손자녀를 간호하기 위하여 필요한 경우	배우자가 국외근무를 하거나 제5호에 해당된 때	「공무원연금법」 제25조에 따른 재직기간 10년 이상인 교원이 자기개발을 위하여 학습·연구 등을 하게 된 경우
기간	3년 이내 (학위취득의 경우 3년 연장 가능)	고용기간	자녀 1명에 대하여 3년 이내	6개월 이내 (입양자녀 1인당)	1년 이내(부득이한 경우 1년 연장)	3년 이내	1년 이내 (재직기간 중 총 3년)	3년 이내 (3년 연장 가능)	1년 이내 (재직기간 중 1회에 한함)

〈계속〉

재직 경력 인정	• 경력평정: 50% 산입 • 승급인정	• 경력평정: 산입(비상근 50% 산입) • 승급인정(비상근 50% 산입)	• 경력평정: 산입 • 승급 인정: 최초 1년 산입, 셋째 이후 자녀 휴직 전 기간 인정(3년)	• 경력평정: 산입 • 승급인정	• 경력평정: 미산입 • 승급제한	• 경력평정: 50% 산입 • 승급제한 (단, 학위 취득 시 호봉 재획정)	• 경력평정: 제외 • 승급제한	• 경력평정: 제외 • 승급제한	• 경력평정: 제외 • 승급제한
결원 보충	6월 이상 휴직 시 결원보충 가능	6월 이상 휴직 시 결원보충 가능	6월 이상 (출산휴가와 연계한 경우 3월 이상) 휴직 시 결원 보충 가능하고 출산일부터 후임자 보충 가능	6월 이상 휴직 시 결원보충 가능	6월 이상 휴직 시 결원보충 가능	6월 이상 휴직 시 결원보충 가능	6월 이상 휴직 시 결원보충 가능	6월 이상 휴직 시 결원보충 가능	6월 이상 휴직 시 결원보충 가능
보수	봉급 50% 지급 (3년 이내)	부지급	부지급	부지급	봉급 70% 지급 (1년 초과 시 50%)	부지급	부지급	부지급	부지급
수당	• 공통수당: 50% 지급 (3년 이내) • 기타수당: 미지급	부지급	• 0~3개월: 봉급액 80% 지급 (상한: 150만 원, 하한: 70만 원) • 4~12개월: 봉급액 50% 지급 (상한: 120만 원, 하한: 70만 원)	부지급	• 공통수당: 보수와 같은율지급 • 기타수당: 휴직 사유별 차등지급	부지급	부지급	부지급	부지급
기타	교육실경력 3년 이상인 자 가능		* 출산휴가 별도신청 가능 * 한부모 가족, 0~3개월 (상한 250만 원)		정부 지정 불임·난임 의료기관이 발급한 진단서 첨부	교육실경력 3년 이상인 자 가능			

* 표의 근거는 「교육공무원법」 제44조(휴직) 제1항임. 세부 사항은 「공무원보수규정」 제28조(휴직기간 중의 봉급감액), 「공무원수당 등에 관한 규정」 제11조의3(육아휴직수당), 「공무원보수 등의 업무 지침」 제7장(공무원수당 등의 업무 처리기준)의 규정임.

자료: 대전광역시교육청(2022a), p. 32.

Q31 교원이 받는 상벌에는 어떤 것들이 있나요?

🔊 해답 구상하기

A31 상은 공적에 대한 포상(褒賞)과 성적에 대한 시상(施賞)이 있습니다. 벌은 중징계와 경징계로 구분됩니다. 중징계는 파면, 해임, 강등, 정직이고, 경징계는 '감봉'과 잘못에 대한 훈계를 의미하는 '견책'이 있습니다. 징계를 가할 정도가 아닌 경미한 사항이면 '주의' 또는 '경고'를 받을 수 있습니다. '주의'보다 중한 수준 또는 '주의'를 받고 이에 해당하는 잘못을 1년 이내에 재차 하면 '경고'를 받습니다. '주의'를 받으면, 포상과 해외연수 선발 등에서 1년 동안 불이익을 받습니다. 교원은 주로 성적·평가 및 외부강의 등과 관련해서 주의와 경고를 받는 일이 종종 있습니다. '경고'를 받으면 근무성적평정·성과상여금 등급, 포상 및 해외연수 선발 등에서 1년 동안 불이익을 받습니다. 징계 의결이 요구된 교원이 훈장 또는 포상을 받은 공적, 교육감 이상의 표창을 받은 공적, 모범공무원으로 선발된 공적이 있으면 징계 수위가 낮아질 수 있습니다. 단, 다음 어느 하나에 해당하면 징계 감경이 불가합니다.

- 부정하게 금전, 물품, 부동산, 향응 등 재산상 이익을 취득하거나 제공한 경우
- 학생 성적 및 학교생활기록부와 관련한 비위로 징계 대상이 된 경우
- 성 관련 비위로 징계 대상이 된 경우
- 음주운전 또는 음주측정에 불응한 경우

- 학생에게 신체적 · 정신적 · 정서적 폭력 행위를 하여 징계 대상이 된 경우
- 인사와 관련된 비위
- 학교폭력을 고의로 은폐하거나 대응하지 아니한 경우
- 소속 기관 내의 성 관련 비위를 고의로 은폐하거나 대응하지 않아 징계 대상이 된 경우
- 성 관련 비위의 피해자에게 신상정보의 유출 등 2차 피해를 입혀 징계 대상이 된 경우
- 「공직선거법」상 처벌 대상이 되는 행위로 징계 대상이 된 경우

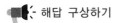

TIP

「교원의 지위 향상 및 교육활동 보호를 위한 특별법」, 「상훈법」, 「정부표창규정」, 「정부포상 업무지침」, 「국가공무원법」 제10장 징계, 「공무원 징계령」, 「공무원 징계령 시행규칙」 제2조(징계의 기준) 및 [별표1] 징계기준 · 제3조의2(적극행정 등에 대한 징계면제), 「교육공무원 징계양정 등에 관한 규칙」 제4조(징계의 감경), 「교육공무원 인사관리규정」 제21조(비정기전보), 「교육공무원 인사기록 및 인사사무 처리 규칙」 제8조의2(징계 등 처분 기록의 말소), 「교육공무원징계 등 기록말소제 시행지침」 제8조의2(징계 등 처분 기록의 말소), 「국가공무원 복무 · 징계 관련 예규」 제12장(징계)

Q32 여성 교원의 출산 및 육아와 관련한 휴가, 휴직 및 복무 지침에는 어떤 것이 있나요?

해답 구상하기

A32　임신, 출산, 육아와 관련된 복무를 살펴보면, 특별휴가(경조사, 출산, 유산·사산), 육아휴직, 육아시간, 모성보호시간 등이 있습니다. 주의할 점은, 모성보호시간 및 육아시간 사용 시 1일 최소근무시간이 4시간 이상 되어야 한다는 것입니다. 조퇴, 병조퇴, 외출, 가족돌봄휴가 등과 함께 사용하여 최소근무시간을 충족하지 못하면, '연가'로 복무 처리를 합니다. 예를 들면, 모성보호시간 2시간과 연가 3시간을 사용하면 이는 연가 5시간의 사용으로 처리하고, 모성보호시간 2시간과 병가 4시간을 사용하면 이는 연가 2시간과 병가 4시간 사용으로 처리합니다. 질문과 관련한 핵심을 간략히 살피면 다음과 같습니다.

● 특별휴가
  – 경조사: 배우자가 출산한 경우 10일(1회에 한하여 분할 사용 가능)
  – 출산: 출산 전·후 90일(출산 후의 휴가기간이 45일 이상 되어야 함)
  – 유산·사산:
    임신기간 15주 이내 유산 또는 사산한 날부터 10일까지
    임신기간 16주 이상 21주 이내 유산 또는 사산한 날부터 30일까지
    임신기간 22주 이상 27주 이내 유산 또는 사산한 날부터 60일까지
    임신기간 28주 이상인 경우 유산 또는 사산한 날부터 90일까지

● 육아휴직
  – 만 8세 이하 또는 초등학교 2학년 이하의 자녀를 양육하기 위하여 필요하거나 여성공무원이 임신 또는 출산하게 된 때, 3년 이내
  – 부부공무원인 경우, 동일 자녀에 대하여 각각 휴직 가능
  – 쌍둥이의 경우, 각각의 자녀에 대하여 육아휴직 가능
  – 자녀 1명에 대하여 3년 이내로 하되, 분할 가능
  – 만 8세 이하인 경우, 만 8세가 속하는 학기 말까지 휴직 가능
  – 초등학교 2학년 이하인 경우, 초등학교 2학년 말까지 휴직 가능
  – 육아휴직 또는 동반휴직을 2년 이상하고 복직할 때는 직무연수 필참

- 육아시간
  - 생후 72개월 이하 자녀를 두면, 24개월 범위 내 1일 최대 2시간 단축 근무 가능
  - 같은 월에 20일 이상 사용 시 1개월 차감
  - 다른 월에 거친 경우 사용 일수를 합산하여 20일마다 1개월 차감
  - 조건에 두 자녀가 해당하더라도 같은 날 중복 사용 불가
  - 늦게 출근, 일찍 퇴근 등 근무시간 중 모두 가능
  - 하루 4시간 이상 근무 필수

- 모성보호시간
  - 임신기간 중 매일 2시간 사용 가능
  - 늦게 출근, 일찍 퇴근 등 근무시간 중 모두 가능

- 임신검진휴가
  - 임신기간 중 검진을 위해 10일 사용 가능
  - 반일 또는 1일 단위로 사용
  - 3일 이상 연속 사용 시 확인 자료 제출

- 가족돌봄휴가
  - 자녀 · 배우자 · 부모 · 배우자의 부모 · 조부모 · 손자녀를 대상으로 연간 10일
    사용 가능
  - '자녀돌봄' 사유는 3일까지 유급이고, 이후는 무급

- 여성보건휴가
  - 생리기간의 휴식을 위하여 매월 하루 사용 가능
  - 생리로 인한 휴가는 무급으로 처리
  - 폐경기가 도래한 여성은 의사의 진단서로 증명 가능

Q33 부모님의 병환으로 간병이 필요하여 휴직을 신청하려고 합니다. 간병을 위한 휴직은 몇 년까지 신청 가능하며, 유의 사항에는 어떤 것이 있는지 궁금합니다.

📢 해답 구상하기

A33 2022년 9월 가사휴직에서 가족돌봄휴직으로 「교육공무원법」이 개정되면서 '간호하기 위하여 필요한 경우'에서 '부양하거나 돌보기 위하여 필요한 경우'로 적용 범위가 확대되었습니다. 가족돌봄휴직이란 가족 구성원(조부모, 부모, 배우자의 부모, 배우자, 자녀, 손자녀)의 부양이 필요한 경우에 신청할 수 있습니다. 다만 조부모와 손자녀의 경우, 신청하는 공무원 외에 돌볼 수 있는 사람이 없다는 경우에 한정하여 가능합니다. 재직기간 중 총 3년 이내에서 사용할 수 있지만 한 번에 사용할 수 있는 기간은 최대 1년이기 때문에 이를 초과할 경우 복직 후 다시 휴직 처리를 해야 합니다. 유의할 사항은 부부 교원의 경우 1인만 휴직하도록 되어 있으며,

원하는 일자에 휴직을 허락하지만 종료일은 학기 말에 맞추도록 하고 있습니다. 필요한 서류에는 교육청마다 조금씩 차이가 있으나 휴직신청서, 가족관계증명서, 주민등록등본, 돌봄이 필요한 사유를 증빙할 수 있는 자료 또는 휴직 사유를 증빙할 수 있는 자료가 있습니다. 가족돌봄휴직을 사용할 경우, 경력 인정과 호봉 승급이 불가하며 수당과 급여도 지급되지 않습니다.

휴 직 원

금번 자율연수로 인하여 20**년 **월 **일부터 20**년 **월 **일까지(개월간) 휴직하고자 증빙서를 붙여 제출하오니 허가하여 주시기 바랍니다.

<휴직 관련 안내 사항>
1. 교육공무원법 및 국가공무원 복무규정을 준수하여야 합니다.
2. 휴직 중 매 반기별(6월30일, 12월 31일)로 소재지, 연락처, 휴직사유의 계속 여부를 휴직자 실태 보고서에 기재하여 학교장에게 보고해야 합니다.
3. 자율연수휴직 중 휴직 사유에 위배되지 않도록 유의하시기 바랍니다.
 - 예) 미신고 겸직 업무, 장기간 병원 입원, 영리업무 등
4. 휴직기간 만료 및 휴직 사유 소멸 시 즉시 복직해야 하고, 복직 시 원소속교로 복직되지 않을 수 있습니다.

20**년 **월 **일

소 속 : ○○○○학교
직위(교과) : 교사(○○)
성 명 : ○○○ (인)

경기도○○교육지원청교육장 귀하

휴 직 원

금번 시부(성명: ○○○)의 돌봄으로 인하여 20**년 **월 **일부터 20**년 **월 **일까지(**개월간) 휴직하고자 증빙서를 붙여 제출하오니 허가하여 주시기 바랍니다.

돌봄 필요성	대상 가족이 어떤 돌봄을 필요로 하는지 기재 / 배우자 부모 포함
휴직 필요성	돌봄과 업무를 병행할 수 없는 사유를 기재 - 조부모, 손자녀 돌봄 사유 : 조부모에 대해서는 조부모의 직계비속이 없거나 다른 직계비속이 돌볼 수 없는 경우, 손자녀에 대해서는 손자녀의 직계존속 및 형제자매가 없거나 다른 직계존속 및 형제자매가 돌볼 수 없는 경우 등 본인이 돌봐야 하는 사유를 기재 (근거:「공무원임용령」 제57조의8)
돌봄 계획	(오전) 돌봄 휴직 중 대상 가족을 어떻게 돌볼 계획인지를 구체적으로 기재 (원래의 근무시간을 어떻게 돌봄에 사용할 것인지 기술)
	(오후)

<휴직 관련 안내 사항>
1. 교육공무원법 및 국가공무원 복무규정을 준수하여야 합니다.
2. 휴직 중 매 반기별(6월30일, 12월 31일)로 소재지, 연락처, 휴직사유의 계속 여부를 휴직자 실태 보고서에 기재하여 학교장에게 보고해야 합니다.
3. 가족돌봄휴직 중 휴직 사유에 위배되지 않도록 유의하시기 바랍니다.
 - 예) 돌봄대상자 미동반 해외 체류, 돌봄대상자의 직장 재직, 미허가 겸직 업무, 영리업무 등
4. 휴직기간 만료 및 휴직 사유 소멸(돌봄대상자 사망 등) 시 즉시 복직해야 하고, 복직 시 원소속교로 복직되지 않을 수 있습니다.

20**년 **월 **일

소 속 : ○○초등학교
직 위 : 교사
성 명 : ○○○ (인)

○○초등학교장 귀하

[그림 5-2] 자율연수 및 가족돌봄 휴직원 예시

자료: 경기도교육청(2023a), p. 191; 경기도교육청(2023b), p. 161.

TIP

경기도교육청의 2023년 교육공무원 인사실무편람(초등), 2023년 교육공무원 인사실무편람(중등)은 학교 현장에서 요긴한 서식 등을 제공합니다. 이는 매년 개정·증보됩니다. 경기도교육청(www.goe.go.kr)의 '통합검색'에 '**교육공무원 인사실무편람**'을 입력하면 최신본을 찾을 수 있습니다.

제 **2** 부

학생과 교과의 이해

학급 운영

Q34 학생들에게 모범이 되기 위해 갖추어야 할 교사의 자질에 대해 교육학자나 선배 교사들은 무엇을 제시하고 있는지 알고 싶습니다.

📢 **해답 구상하기**

A34 수석교사이자 교육학자는 교사의 눈길, 손길, 관심, 태도, 언행이란 씨앗이 학생의 마음에 뿌려져 싹을 틔우고 꽃을 피운다면서, 새내기 교사가 된 제자에게 다음과 같은 당부의 말을 했습니다.

학생은 선생님을 따라 도는 해바라기입니다. 교사의 말 한마디, 행동 하나하나에 주의를 기울이고 시선을 모읍니다. 교사가 무심코 한 언행은 학생에게 평생 지우기 어려운 영혼의 상처가 될 수 있고, 오래 소중하게 품을 훈장일 수 있습니다. 희망과 긍정을 불러일으키는 마음이 담긴 언어로 대화하고 행동하는 연습을 해야 합니다. 도토리가 떡갈나무를 품고 있듯이 당장은 어리지만 장차 큰 나무로 성장할 학생에게 존중하는 마음을 품어 대하길 바랍니다. 우리가 가르치는 학생은 영원히 어린아이로 머물러 있지 않습니다(정일화, 2020: 6-7).

배너와 캐넌(Banner & Cannon, 2017)은 교사의 자질로 ① 학습, ② 권위, ③ 윤리, ④ 질서, ⑤ 상상, ⑥ 연민, ⑦ 인내, ⑧ 끈기, ⑨ 인격, ⑩ 즐거움이 필요하다고 말합니다. 학생은 교사가 가르치는 교과 지식뿐 아니라 선생님의 모습과 행동을 통해서도 배웁니다(Smoot, 2011). 교사는 자신이 무심코 한 언행을 잊을지라도, 학생들은 오랜 시간이 지나도 교사의 언행을 기억합니다. 이러한 영향력 때문에 담임교사가 누구인지에 따라서 교실의 분위기가 달라집니다(주삼환 외, 2023). 학생들은 교사의 말과 태도에서 자신들이 존중받는 존재인지 혹은 그렇지 않은 존재인지를 느낄 수 있습니다. 따라서 교사는 한마디 한걸음이라도 신중해야 합니다(정일화, 2020). 영화 〈미라클 워커(The Miracle Worker)〉(1962)에서 헬렌 켈러를 깨우치게 할 방안을 갈구하는 설리번 선생님은 밤새워 책을 읽고 다음과 같은 결심을 다집니다. "열정과 인내를 가지고 가르치면 구원할 수 있다!" 그리고 교단에서의 보람은 속을 까맣게 태우고 애를 끓이고 끓인 결정체라고 할 수 있습니다(정일화, 제작중). 따라서 교사에게는 교직에 대한 소명의식, 학생에 대한 연민, 가르침에 있어서의 열정, 교육의 어려움을 견뎌 내는 인내심이 필요합니다. 휘태커(Whitaker, 2020)가 제시한 훌륭한 교사의 특성은 다음과 같습니다(정일화 외, 2024; 주삼환 외, 2023).

- 교실의 성공은 교사가 이끈다고 생각한다.
- 존중과 경청의 태도로 좋은 관계와 개방적인 분위기를 유지한다.
- '무엇을 하는가?'에서 나아가 '어떻게 할 것인가?'를 고심한다.
- 기대의 힘을 믿고 학생뿐 아니라 자신에게도 높은 기대치를 가진다.
- 학년 초에 설정한 명확한 목적과 계획을 염두에 두고 사려 깊게 실천한다.
- 일관성과 자신감을 보이면서 열정적이다.
- 가벼운 말이 아닌 가치 있는 말을 한다.

- 긍정의 눈으로 학생을 바라본다.
- 사소한 소란과 실수를 모른 척하고 넘기는 아량을 보인다.
- 처벌보다 예방에 중점을 둔다.
- 잘못을 인정하고 바로잡는다.
- 상황에 적합한 교육 방법을 선택하는 유연성을 발휘한다.
- 예기치 않거나 새로운 모험에 대한 호기심을 보인다.
- 매일매일 최선을 다한다.
- 잘하는 학생과 미진한 학생 모두를 고려하고 북돋아 주는 결정을 한다.
- 학생의 입장을 먼저 생각하고 학생을 위한 최선의 유익을 추구한다.
- 결정을 내리기 전에 학생들 간의 유불리를 헤아린다.
- 시험을 단지 성적이 아닌 총체적 성장의 넓은 관점에서 이해한다.
- 진심 어린 보살핌을 통해 학생들의 마음을 움직인다.

Q35 학생들에게 친절하고 좋은 교사로 기억되고 싶습니다. 말과 행동 그리고 마음 가짐을 어떻게 하면 될까요?

🔈 해답 구상하기

A35 교육학자 페인(Payne)은 학생을 존중하는 교사의 태도에 대해 학생의 이름을 불러 주고, 질문에 답을 잘해 주고, 다정하게 말하고, 반갑게 맞이하고, 필요한 도움을 주는 것이라고 했습니다(Payne, 2008). 영국의 서머힐학교 설립

자는 "가장 좋은 교사는 아이들과 함께 웃는 교사이고, 가장 좋지 않은 교사는 아이들을 우습게 보는 교사이다(Neill, 1944)."라고 말했습니다. 따뜻하고 신뢰감을 주는 긍정적인 태도로 학생들을 대하고, 학생을 위한 최선의 유익을 추구하며, 학생의 잘못을 관용하고 품으려는 마음가짐이 필요합니다.

Q36 칭찬은 고래도 춤추게 한다고 하는데 그렇다고 무조건 칭찬만 하는 것이 바람직할까요? 교사가 학생들을 칭찬하고자 할 때 꼭 기억해야 할 원칙이 있을까요?

◀┇- 해답 구상하기

A36 놀테와 해리스(Nolte & Harris, 2016)는 "아이는 격려를 받으며 자라면 자신감을, 관용 속에서 자라면 인내심을, 칭찬을 받으며 자라면 남을 인정하는 것을, 포용 속에서 자라면 사랑을, 허용적 분위기에서 자라면 자신을 사랑하는 법을, 공정한 분위기 속에서 자라면 정의를, 친절과 배려 속에서 자라면 남을 존중하는 법을, 안정감을 느끼며 자라면 자기 자신과 주변에 대한 믿음을, 친밀한 분위기에서 자라면 이 세상이 살기 좋은 곳이라는 것을 배운다(Nolte & Harris, 2016: 20)."라고 했습니다. 주의할 점은, 다른 학생과 비교하는 칭찬은 삼가야 한다는 것입니다. 다음은 칭찬할 때 새겨야 할 원칙입니다(Bissell, 1992; Whitaker, 2014: 80; 정일화 외, 2024 재인용).

- 진심으로 칭찬한다(Make sure the praise is authentic).

- 구체적으로 칭찬한다(Make sure the praise is specific).
- 바로바로 칭찬한다(Make sure the praise is immediate).
- 순수하게 칭찬한다(Make sure the praise is untainted).
- 개인적으로 칭찬한다(Make sure the praise is private).

Q37 첫 발령을 받았습니다. 출근 전에 누구에게 어떻게 연락하고, 출근 첫날 무엇을 준비해야 하는지 궁금합니다.

🔈 해답 구상하기

A37 첫 발령은 오래오래 기억에 남습니다. 심장이 두근거리고, 어디로, 어떻게, 누구에게 연락해야 하는지 막연했던 기억이 납니다. 교육(지원)청의 발령을 받으면, 해당 학교의 누리집에 들어가 전화번호를 확인하고, 교감 선생님 또는 교무 부장님과 관련 정보를 주고받거나, 상황에 따라 먼저 걸려 온 해당 학교의 전화 연락을 받고 안내에 따르면 됩니다. 첫걸음은 중요합니다. 첫발을 어디로 어떻게 떼느냐에 따라 목적지의 방향이 정해질 수 있습니다. 플라톤(Platon)은 "일의 처음이 중요하다."라고 했습니다(정일화, 2020). 다음 〈표 6-1〉은 새내기 교사로서 또는 새롭게 옮겨 가는 학교에서 첫날을 맞기 전에 확인할 사항에 관한 예시입니다(정일화 외, 2024).

〈표 6-1〉 출근 첫날 준비를 위한 확인 사항

구분	확인 사항	✔	비고
1	학교 누리집을 방문해서 학교 소개와 교육활동을 살폈는가?		
2	교직원 및 학생들에게 할 인사말을 준비했는가?		
3	출근 교통편과 소요 기간을 확인했는가?		
4	출근 때의 복장과 실내화를 준비했는가?		
5	첫날 일과 운영 계획에 대해 알고 있는가?		
6	개인 수업 시간표와 첫날에 할 일에 대해 알고, 계획을 세웠는가?		
7	배정된 신발장과 교무실 좌석의 위치를 확인했는가?		
8	맡을 학급 교실 및 교과 교실들의 위치와 상태를 확인했는가?		
9	교과서와 교사용 지도서가 있는가?		
10	가르칠 자료가 준비되었는가?		
11	학생들의 학업 및 생활과 관련한 안내 및 자료를 인계받았는가?		
12	학급 명렬표를 가지고 있는가?		
13	맡은 학급 학생들의 이름을 외웠는가?		
14	교실 규칙과 그에 따른 결과를 생각하거나 정했는가?		
15	좌석 배치나 규칙을 정할 때 고려할 학생이 있는지 확인했는가?		
16	수업에서 시간의 여유가 날 때를 대비한 활동은 준비되었는가?		
17	첫날, 학부모의 전화를 받는다면 어떻게 할지를 생각해 보았는가?		
18	교실에서 돌발 상황이 발생할 때 대처 방법을 알고 있는가?		
19	보건실 등 특별실의 위치와 사용 절차를 알고 있는가?		
20	심폐소생술 및 기도가 막힐 때 등의 응급처치 방법을 알고 있는가?		
21	맡을 교실에서 화재·지진의 대피 경로와 소화기의 위치를 알고 있는가?		

자료: 정일화 외(2024), p. 148.

Q38 담임교사로서 학급 운영 목표를 어떻게 세워야 할지 궁금합니다.

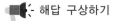 해답 구상하기

A38 "학교의 장은 학교를 경영하는 관리자이고, 담임교사는 학급을 운영하는 관리자이다. 크기의 차이가 있을 뿐 관리자이다."라는 말에는 이견이 없을 것입니다. 학교의 장은 학교를 경영하는 경영관이 있습니다. 담임교사에게도 학급을 운영하는 목표가 필요합니다. 학교 누리집에 안내된 학교 경영 및 교육 방향 등을 참고하고, 다음의 예시처럼 자신이 지향하는 교육철학을 반영해서 학급 운영의 목표를 세울 수 있습니다.

● 초등학교(경북유초등수석교사회, 2021: 28)
  - 자신감 있는 어린이:
    자신의 생각을 자유롭게 표현하고 자기 행동과 선택에 책임지는 자존감 높은 어린이
  - 친구를 사랑하고 돕는 어린이:
    친구의 다름을 수용하고 존중하며 함께 문제를 해결하는 경험에 즐겁게 참여하는 어린이
  - 스스로 생각하고 행동하는 어린이:
    바르게 말하고 듣고 쓰는 기본 능력을 갖추며, 자신이 할 일을 알아서 처리하는 자주적인 어린이

● 중학교

    – 깊게 생각하고 바르게 실천하는 학생이 되자.

    – 적극적인 태도로 탐구하는 창의적인 학생이 되자.

    – 소통하며 민주사회를 이끌어 가는 학생이 되자.

    – 배움과 나눔을 실천하는 더불어 살아가는 학생이 되자.

● 고등학교

    – 도덕적인 사람이 되자.

    – 창의적인 사고를 하는 사람이 되자.

    – 자기주도적인 사람이 되자.

    – 배려와 나눔으로 더불어 사는 사람이 되자.

Q39 학급을 멋지게 운영하고 싶습니다. 학급운영계획서에는 어떤 내용들이 담겨야 하는지 알고 싶습니다.

🔊 해답 구상하기

A39 학급운영계획서에는 담임교사의 교육관, 즉 교육에 대한 가치 지향이 담기게 됩니다. 학급운영계획은 학급 운영의 방향성을 잊지 않기 위한 다짐이기도 합니다. 학급운영계획서에는 다음과 같은 사항이 포함될 수 있습니다. ① 학급 운영의 방향과 목표, ② 급훈과 규칙, ③ 부서 조직, ④ 교실 환경 구상, ⑤ 게

시판 운영, ⑥ 좌석 배치, ⑦ 청소 분장, ⑧ 생활 및 인성 지도, ⑨ 학습 지도, ⑩ 진로 지도, ⑪ 필요한 개별화 교육, ⑫ 학생 및 학부모 상담, ⑬ 학부모 협력, ⑭ 특색 사업, ⑮ 일과 계획, ⑯ 학급 활동에 관한 계획 등입니다(정일화 외, 2024). 학급운영계획서를 작성할 때, 담임교사가 초안을 잡고 학생들과 다듬으며 학부모의 의견을 더하는 과정을 거치는 것이 바람직합니다.

Q40 청소년기 학생들의 성장과 발달 단계를 이해하여야 학생들을 바르게 지도할 수 있을 것 같습니다. 도움이 될 만한 자료가 있을까요?

🔈 해답 구상하기

A40 미국은 아동·청소년의 발달 단계를 고려해서, 〈표 6-2〉처럼 숙제의 분량을 조절합니다. 또한 청소년기의 수면 호르몬을 과학적으로 살펴서 등교 시간에 대한 논의를 합니다. 즉, 멜라토닌 변화는 13세 무렵에 강한 반응을 보이기 시작하고, 15세와 16세에 더 증폭되며, 17~19세 때 정점에 이른다는 것을 알아냈습니다. 이 정점의 시기는 최소 8시간 이상의 수면이 필요하고, 등교 시간을 늦추어 충분한 수면을 취한 집단이 그렇지 않은 집단에 비하여 성적이 상승한다는 것도 밝혔습니다(Center for Disease Control & Prevention, 2022; Scientific American, 2014). 〈표 6-3〉은 아동·청소년기의 인지적 도덕성 및 심리사회적 발달 단계와 그 특징을 정리한 것입니다.

<표 6-2> 일일 권장 숙제 시간(분)

학년	펜실베이니아 교육부, 1973	Leone & Richard, 1989	Bond & Smith, 1966	Strang, 1975	Keith, 1982	Tymms & Fitz-Gibbs, 1992
초등 기초	30		20~29	10		
초등 상급	45~90		30~40	40*		
중학교 고교 1	90~120	50	50	60*		
고교 2~3	120~180			120	60*	60

* 연구자의 의견을 바탕으로 추론하여 계산함.
자료: Marzano, Pickering, & Pollock (2010), p. 78.

<표 6-3> 아동·청소년기의 발달 단계

매슬로		콜버그			길리건		피아제	
단계 (욕구)	특징	수준	단계	특징	단계	특징	단계	특징
자아 실현	자아 성취	후인습적	6	보편적 도덕 원리의 판단	3	자타(自他)에 대한 배려	형식 조작적기	임의적 합의 규칙 변경 가능 행동의 의도 판단
존경			5	도덕적인 추론의 사회 계약 정신	2.5	선에 관심 → 진실에 관심		
소속·사랑	사회·정서	인습적	4	법과 질서 준수, 사회적 의무감	2	책임감과 자기희생	구체 조작적기	일방 규칙 고정 결과로 정오 판단
			3	착한 아이, 좋게 보이려는 욕구	1.5	이기심 → 책임감		
안전·안정	생존	전인습적	2	욕구 충족의 수단적 목적 교환	1	자기중심적	전조작기	규칙의 무관심 규칙의 미지각
생리적			1	처벌과 타율적 복종				감각운동기

에릭슨			
단계(연령)	적응	부적응	주 관계 대상
3~6세	〈솔선〉 현실 도전의 경험, 상상과 놀이, 양친 행동의 모방을 통한 형성	〈죄책감〉 너무 엄격한 훈육, 윤리적 태도의 강요에서 형성	가족
6~12세	〈근면〉 현실적 과업을 수행하고 무엇이든 시도	〈열등감〉 지나친 경쟁, 개인적 결함, 실패의 경험에서 형성	이웃·학교
12~20세	〈정체성〉 어른과의 동일시감, 자기가치감, 자기 역할의 인식에서 형성	〈정체성 혼미〉 자신의 역할, 사회적 규준 제시의 불분명에서 형성	교우·지도자

자료: 정일화 외(2024), pp. 142-144의 [그림]과 〈표〉를 통합함.

제7장
교과 운영

Q41 새 학년, 새 학기, 첫 수업을 위해 어떤 준비를 하고 어떻게 시간을 보내면 좋을까요?

📢 해답 구상하기

A41   새 학년과 새 학기의 준비는 대개 학교급별로 차이가 있지만, 2월과 8월에 교육과정 편성표가 작성되고 교사들이 담당하게 될 과목, 학년, 학급, 수업 시수 등이 정해집니다. 학기 단위로 지도할 과목에 대한 교육과정 문서를 숙지하고, 성취 기준을 근거로 교육과정을 재구성하여 수업 및 평가 계획을 수립해야 합니다. 새 학년의 첫날은 교사와 학생 모두 긴장과 설렘의 마음이 듭니다. 교사가 먼저 편안한 마음으로 자신을 소개하고, 학생들끼리 옆의 짝, 앞뒤에 앉은 친구들

과 눈을 맞추며 이름을 알려 주도록 안내해 보세요. 다음은 학급에서 또래 관계 형성에 도움이 되는 활동의 예시입니다.

- 첫날의 느낌이 담긴 노래를 선택해서 들려주며 인상적인 가사를 짝과 이야기하기
- 학급과 수업 시간에 지킬 약속을 교사와 학생이 함께 세워 보기
- 지도할 교과에 대해 가지고 있는 생각과 기대 써 보기
- 친구들의 이름을 외우는 빙고 게임하기
- 모둠을 구성하여, 좋아하는 연예인, 게임, 취미 등 이야기를 나누며 친구 알아가기
- 학급에서의 1인 1역할 정하기
- 학급이나 교과에서 자리 배치 정하기

이 밖에 교사는 감정 카드를 준비하여 칠판에 붙이고 새 학년이 되어 느끼는 감정을 2~4개를 고르게 한 뒤, 분단별로 칠판에 써 보게 합니다. 친구들이 칠판에 쓴 감정을 보며 '아, 나만 이런 감정을 가진 것이 아니구나.' 하는 공감대를 형성할 수 있습니다.

수업을 위한 준비에서 학기 단위로 학습 자료를 제본하여 첫 시간에 학생들에게 나누어 주며, 한 학기 교과의 학습할 내용에 대해 전체적인 맥락을 마인드맵으로 칠판에 그려서 짚어 주는 방법도 효과적입니다. 교과에서 활동할 모둠을 구성하는 것은 학생들 간에 어느 정도 관계가 형성되고 교사가 학생의 특징을 파악한 4월 즈음이면 좋습니다.

Q42 재미가 있으면서도 의미가 있는 수업을 하는 교사가 되고 싶습니다. 효과적인 학습이 일어나는 좋은 수업의 조건을 알고 싶습니다.

◀: 해답 구상하기

A42 "좋은 수업을 하는, 수업을 잘하는 교사가 되고 싶다."라는 소망은 모든 교사의 목표일 것입니다. 이와 같은 소망을 이루기 위해 다음 내용을 제안합니다.

- 명료한 학습 목표와 학습 활동 과제의 안내
- 학습 동기의 유발과 유지를 위한 다양한 자료 활용
- 학습자의 사고를 자극하고 확산하고, 심화하는 발문
- 수업 자체가 민주적이고 전인교육의 장이 되는 교실
- 학생의 특성 및 적성과 학업성취도를 파악한 수업 설계
- 학생의 학업성취 수준에 따른 학습 과제의 제시와 개별 지도
- 학생의 생활과 밀접한 흥미 있는 학습 자료 선정과 제작 및 활용
- 학생들이 주도적으로 학습에 참여할 수 있는 다양한 교수법 적용
- 학생 수준에서 약간 높은 수준의 과제를 통한 도전 의욕 자극
- 디지털 기반의 매체를 활용한 다양한 교수·학습법 구안과 적용
- 온라인 플랫폼을 활용한 학습자 간 소통과 학습 과정 및 결과 공유
- 디지털 매체를 활용한 수준별 학습 활동 과제 구성과 형성평가 및 즉각적 피드백
- 교사와 학생, 학생과 학생, 학생과 텍스트와의 활발한 상호작용을 유도하는 발문

최근 교과 내용별 혹은 수업 방법에 따라 디지털 기반의 다양한 수업 사례를 인터넷에 동영상으로 공유하고, 관련된 연구를 함께하는 교사 모임이 활발합니다. 교과 내용, 교수·학습 방법, 학급 운영 등과 관련한 모임에 참여하면 재미와 의미가 있는 수업을 만드는 정보를 얻을 수 있습니다. 학교 안팎의 교사 연구 모임과 학습공동체에 참여하세요. 동료, 선후배 교사들과 함께 수업을 공개하고 수업에 대한 고민을 나누며 서로의 수업 성찰을 돕는 과정을 통해서 성장할 수 있을 것입니다.

Q43 효과적인 학습이 이루어질 수 있는 교수 전략에는 어떤 것이 있을까요?

해답 구상하기

A43 교과별로 다를 수 있지만, 사고를 자극하여 학습 집중도를 높이는 방법으로는 ① 핵심 개념을 설명한 후 확인하는 과정에서 자음 초성으로 힌트 주기, ② 자신이 학습한 내용을 짝이나 모둠원에게 가르치기, ③ 짝이나 모둠과의 또래 가르치기에서 미해결한 것을 교사에게 질문하기, ④ 수업을 10분 단위로 나누어 학습자의 집중도를 높이기, ⑤ 학습한 내용을 정리 단계에서 이미지나 영상 자료로 제시하여 요약하기, ⑥ 배운 내용과 궁금한 내용 및 더 알고 싶은 것을 질문으로 만들어 보기, ⑦ 가장 중요한 문장을 찾아 물음표를 달고 답을 생각해 보기, ⑧ 배운 용어를 선택하여 학습 주제와 연결되게 문장으로 만들기, ⑨ 배운 내용을 디지털 매체를 활용한 게임 학습으로 확인하기 등이 있습니다.

교수·학습 용도의 디지털 매체를 소개하면 다음과 같습니다. ① 구글(Classroom, Docs, Slides, Sheets, Forms, Meet 등), ② Padlet, Kahoot, Miricanvas, Canva, Clovadubbing, Metaverse, Mentimeter, QuizN, ThinkerBell 등, ③ 학교용 MS Teams(폼즈, 과제 제출, 학습 엑셀런트, 성적, 감성 평가 등), ④ 생성형 ChatGPT 및 Bird, 대화형 AI인 NAVER Clova, 프레젠테이션 생성의 Gamma, 이미지 생성의 DALL·E, 텍스트 생성 AI인 Novel, 이미지 생성과 편집의 Midjourney, 대화형 에이전트인 CLOVA X, 영상 제작을 도와주는 Kaiber, 작곡을 도와주는 AIVA 및 SOUNDRAW 등, ⑤ 외국어 교과에서의 번역 애플리케이션 활용 등입니다.

TIP --

- 국가기초학력지원센터. k-basics.org
- 시·도교육청이 공유하는 '기초학력 진단-보정 시스템'
  [예: 대전광역시교육청(dtbs.edurang.net), 경기도교육청(basic.goe.go.kr)]
- 국립중앙과학원의 ChatGPT 활용하기. www.youtube.com/watch?v=xAUuLECuyd0

Q44 수업이 시작되어도 자리에 앉지 않고 교실을 돌아다니는 학생들이 있습니다. 어떻게 하면 좋을까요? 수업을 시작하면서 학습에 몰입하도록 하는 효과적인 동기유발 방법도 궁금합니다.

📢 해답 구상하기

A44 교수·학습 국제 조사(TALIS: Teaching and Learning International Survey)
에 따르면, 한국 교사는 수업을 시작할 때 질서를 유지하는 데 OECD의
다른 국가에 비해 더 많은 시간을 보내고 있고, 저경력 교사는 교수·학습에 할애하
는 시간의 비율이 다른 교사에 비해 상대적으로 낮게 나타났습니다(이동엽, 2019). 교
직에 첫발을 디딘 교사는 질서를 유지하는 데 더 큰 어려움을 겪을 수 있으리라 생각
합니다(정일화, 2020: 235). 무질서는 가르침의 장애물입니다(Banner & Cannon, 2003:
98). 무질서한 교실은 청결 상태도 미흡해서 면학 분위기를 조성하는 데 어려움이 따
릅니다. 학년 초에 질서와 청결에 대한 마음가짐을 확실하게 심어 주어야 합니다.
다음은 소란을 피우는 수업 초반에 학생들의 주의를 집중시키는 데 어려움을 겪는
초임 교사에게 선배 교사로서 조언한 사례입니다. 이처럼 또래나 선배 교사와 함께
고민을 나누면 자신의 상황에 적합한 방법을 찾는 데 도움이 될 것입니다.

자리에 앉으라는 교사의 목소리가 커진다고 아이들의 소란함이 쉽게 가라앉지는
않아요. 저는 아이들이 소란할 때면 칠판 앞에 서서 아무 소리 없이 가만히 서서 돌아
다니는 학생들의 동선을 바라봅니다. 그리고 손가락으로 숫자를 세는 제스처를 취하
며 기다려요. 잠시 후, 아이들이 자리에 앉으면 "잘했다."라고 칭찬합니다. 그리고 학생
들의 수업 준비 상태를 살피며 지나치게 수업을 방해할 물건들이 많을 땐 정리하도록
합니다. 어떤 경우에는 본 수업 시간의 학습 주제와 관련된 노래 혹은 영상을 튼 다음
에 잠시 후 일시 멈춤을 해요. 아이들이 관심을 가지고 제자리에 앉으면 다시 처음부터
보여 줍니다. 아이들의 주의를 끌기 위해 명상종, 싱잉볼, 우드스톡, 에너지 차임 등
을 사용하기도 합니다. 모둠 활동을 마무리해야 하는데도 아직 덜 마친 모둠이나 학생
들의 소리가 너무 크다 싶으면 박수 치기로 주의를 집중시키기도 하지만 저는 목소리
를 평소보다 아주 작게 하거나 입모양만으로 아이들에게 무엇인가를 요구합니다. 교
사의 목소리가 커질수록 아이들의 소리도 덩달아 커지는 경우가 많아요. "얘들아, 조
용히 해!"라고 큰 목소리로 소개하기보다 아주아주 작게 "얘들아, 조용히 해 봐. 그러
면……"이라고 해 보세요. 분명 효과가 있답니다.

수업을 시작하면서 학습에 몰입하도록 하는 효과적인 동기유발 방법에는 어떤 것이 있을까요?

A45 학습 동기는 도입 단계뿐 아니라 수업 시간 내내 유지되도록 하는 것이 중요합니다. 학생들의 호기심을 유발하면서 학습 주제를 함축한 이미지나 동영상 등을 활용하면 동기를 유발하는 데는 효과가 좋으나, 활용하는 영상은 학생들의 집중도를 고려할 때 압축적인 것이 바람직합니다. 동기유발을 위한 다음의 사항을 참고 바랍니다.

- 전시 학습을 상기하는 영상이나 이미지를 제시하고 본시와 연결한 발문하기
- 자음 초성으로 힌트를 주며 전시에 배운 핵심 개념을 발문하고 본시와 연결하기
- 본시 학습 내용이 함축적으로 담긴 이미지를 제시하고 발문하기
- 학생들의 답에 부연하는 발문을 통해 학습 주제로 연결하기
- (디지털) 교과서 혹은 학습지 등 학습 자료에서, 오늘 배울 중요한 용어 3~5개를 찾아 짝과 비교하며 이야기하기
- (디지털) 교과서 혹은 학습지 등 학습 자료에서, 오늘 배울 중요한 문장 1~2개를 찾아 짝과 비교하며 이야기하기
- 본시에 무엇을 배울지 상상, 예측하고 교사에게 질문하게 하기
- 본시에 배울 핵심 개념과 용어를 판서하거나 붙이고 문장으로 만들어 보기

수업의 흐름에 따라 단계별로도 학습 목표 도달 정도를 알아보는 비구조화된 형성평가로 중요한 개념과 용어 정도를 확인하는 깜짝 퀴즈나 자음 초성 질문을 활용하는 방법도 효과적입니다. 또한 또래 가르치기로 핵심 개념을 짝에게 설명해 주는 시간과 서로 문답하는 시간을 갖는 것도 좋습니다.

Q46 교수 · 학습과정안의 약안과 세안의 차이는 무엇인지 알고 싶습니다.

🔊 해답 구상하기

A46 교수 · 학습과정안 작성에서 정형화된 정답은 존재하지 않는다고 볼 수 있습니다. 과목의 특성, 교사의 수업 지향, 성취 기준의 내용, 수업의 주제, 교수 · 학습 활동의 방법에 따라 다양할 수 있습니다. 교수 · 학습과정안을 교사의 활동과 학생의 활동을 구분하지 않고 병행하여 작성하거나, 다음에 제시한 [예시자료]처럼 교사가 제작한 구조화된 교수 · 학습 자료 자체가 대체 역할을 하기도 합니다. '약안'은 본시 학습에 대한 계획과 내용을 간략히 작성하고, '세안(세부안)'은 교수법 등에 관한 현장 연구를 준비하거나 연구학교의 대표 수업 등과 관련하여 교사가 교수 · 학습과정안의 세부 내용을 연구 주제에 따라 선정해서 상세하게 작성합니다. 약안과 세안은 다음과 같은 차이가 있습니다. 수업모형에 따른 교수 · 학습의 단계가 있는 경우, 과정안의 흐름은 단계를 따라 작성합니다. 직소(Jigsaw) 수업모형과 프로젝트 학습지도에서는 몇 차시에 걸쳐 수업이 진행되므로 1시간 단위로 교수 ·

학습과정안을 작성하지 않고 과정의 단계에 걸쳐 진행됩니다.

〈약안〉

- 수업의 의도
- 단원명, 학습 주제, 성취 기준, 학습 목표
- 지도 교사, 지도 대상, 수업 장소
- 수업의 도입-전개-정리
- 교수용·학습자용 자료
- 학습자의 자리 배치
- 특별 관심 학생 등 고려할 사항

〈세안〉

- 단원의 개관, 내용 구성, 차시별 지도 계획 및 시간 배분
- 학업성취도, 교과 흥미도 등 정성적·정량적 측면의 학습자 실태 조사
- 연구 수업의 목적, 연구한 교수 방법이나 교수 내용 등
- 본시 과정안을 포함한 중단원 단위의 교수·학습과정안
- 기대 효과
- 연구 수업에 대한 계획 단계의 수업 의도와 수업 고민 및 성찰
- 수업 참관 교원에게 제공하는 다양한 형태의 참관록
- 수업 후 정리하는 교수·학습 장면의 사진 및 학습 결과물
- 수업 후 수업 나눔 기록지와 성찰 내용
- 수업코칭이나 컨설팅을 받은 경우, 관련 보고서 등

🔦 **TIP** -

- 학교알리미 누리집(www.schoolinfo.go.kr)에는 초·중·고등학교의 교과 운영 계획, 교육 운영 및 특색 사업, 수업 공개 일정 등의 교육활동, 평가 계획서, 학업성취 사항, 학생 현황 등이 정보공시 자료로 탑재되어 있습니다.
- 서미라의 도덕교실(cafe.daum.net/seomira1018/Mrsl) 메뉴의 '도덕과 교수·학습과정안'에는 다양한 교수·학습과정안이 있습니다. 연구 주제에 따른 수업 계획과 실행, 교수·학습 방법, 결과물, 학습자의 성장을 정량적, 정성적으로 검증한 자료 등을 풍부히 접할 수 있습니다.

[예시 자료]

나에게 의미 있는 물건_합리적 소비에 대한 교실 + 체험학습 계획서

- '교과 연계 교실 수업 + 현장 체험학습'의 과목별 학습 요소
  - 도덕: 우리들의 소비생활과 환경에 대한 가치관 평가
  - 사회: 합리적 선택과 올바른 소비생활
  - 기술가정: 청소년의 소비생활

〈교실 수업〉
- 사회: '쇼핑의 법칙(지식채널e 46회)' 시청과 합리적 선택과 소비의 조건
- 기술가정: 청소년의 소비생활, 책임 있는 소비
- 도덕: 친환경적 소비, 나에게 가치 있는 물건에 대한 가치 명료화

〈현장 체험학습〉
- 사회: 대형마트에서 물건 구매(구경)하며 생각하기
  - 왜 대형마트에는 CCTV가 많이 설치되어 있을까?
  - 엘리베이터와 에스컬레이터가 특정한 곳에 설치된 이유는 무엇일까?
  - 시계와 창문이 없는 이유는 무엇일까?
  - 가격표의 20,000원과 19,900원의 차이는 소비자에게 어떤 영향을 줄까?
  - 상품의 진열 장소와 위치 등은 어떤 의미가 있을까?
- 도덕/기술가정: 나에게 의미 있는 물건을 찾아 구매하거나 구경하세요. 그것이 왜 의미가 있는지를 사진과 글로 표현하세요.

〈교실 수업〉
- 사회 + 도덕: 현장체험학습 보고서 작성(컴퓨터실, 분량 A4 1쪽)

나에게 의미 있는 물건		
		○○학교 ○학년 ○반 ○○○

	사진	나에게 주는 의미와 가치
구매한 것		
구경한 것		탁구대와 라켓을 사고 싶다. 우리 학교에 낡은 탁구대가 2대 있는데 표면이 울퉁불퉁해서 이용하기에 적합하지 않다. 라켓도 커트를 연습하기에 적합하지 않다.
체험학습으로 알게 된 것, 궁금한 것		

- 보고서 작성을 위한 준비: 구매한 물건과 구경한 물건 사진 찍기
- 보고서 작성하고 10. 9.(금)까지 학급 카페에 올리기
- 물건을 구매하지 않고 구경만 하고 보고서 내용을 작성해도 됩니다.

Q47 수업 시간에 활용할 교수·학습 자료를 스스로 만들어 보고 싶습니다. 제작할 때 참고할 사항에는 어떤 것이 있을까요?

🔊 **해답 구상하기**

A47 교수·학습 자료를 스스로 제작해 보고자 하는 것은 열정이 충만한 도전이라는 생각이 듭니다. 만드는 과정에서 자료 제작에 경험이 있는 교사 또는 수석교사에게 컨설팅을 요청하여 함께 제작해 보기를 제안하면서, 다음의 예시와 같은 방법을 소개합니다.

- 여러 출판사에서 집필한 교과서를 비교·검토하며 단원이나 학습 주제에 따라 잘 집필된 내용을 선정하여 자료로 만들어 보기
- 교과서에 진술된 내용에서 집필자의 해석이 아닌 원본(원서)을 찾아 확인하고, 교사가 스스로 해석하여 비교해 보고, 이 내용을 학생들의 수준과 특성에 맞게 수정해 보기
- 교육청에서 제작하여 배부한 수업 및 평가 자료를 검토하고, 그 형식에 따라 자신이 수업할 내용으로 수정해 보기
- 교육청이나 교과연구회의 과목별 수업 및 평가 자료 제작에 참여하여 다른 교사들의 노하우 배우기

💡 **TIP** --

서울교육포털(www.ssem.or.kr)에는 '수업·평가' '교육연구' '교육정책' '학교 교육과정' '기초학력' '디지털 교수·학습' 등의 자료가 탑재되어 있습니다.

Q48 수업을 방해하고 지도에 불응하는 학생을 만나면 난감합니다. 이런 학생은 어떻게 하면 좋을까요?

 해답 구상하기

A48 이와 같은 상황에 직면하면 매우 당황스럽고 감정도 흔들립니다. 그래서 예비교사 때부터 감정을 다스리고 회복탄력성을 키울 필요가 있습니다. 그러나 막상 교사가 되어서 이런 일을 겪게 되면 당혹감에 휩싸이게 됩니다. 교사도 인간이기에 어쩔 수 없는 한계를 받아들일 필요가 있고, 교사의 잘못으로 인해 생긴 일이 아니라는 것을 알아차려야 합니다. 교사로서 가지게 되는 지나친 자책감과 자괴감에서 벗어나야 합니다. 이에 사실과 감정을 분리하여 판단하는 연습이 필요합니다. 다음은 법륜 스님의 즉문즉설 방송 프로그램에서 어느 젊은 교사의 고민에 대해 오고 간 대화입니다.

교사: 수업 시간에 몇 번을 깨워도 자는 아이를 어떻게 해야 할까요? 너무 힘듭니다.
법륜: 선생님은 충실히 수업 준비를 해서 열심히 가르치나요?
교사: 네, 그렇습니다.
법륜: 그러면 됐습니다. 선생님은 책임을 다했습니다, 나머지는 학생의 몫입니다. 선생님, 너무 자책하지 마세요.

교육활동 침해를 규제하는 법과 대처 매뉴얼이 있지만, '가르침'을 우선하는 것이 바람직합니다. 교실에서 학생과의 언쟁 등 감정적으로 대립하지 않고 정제된 언어로 의연하게 대응하면서, 'I-message' '비폭력적 대화'로 상황을 전달합니다. 이렇게 해도 해당 학생의 불손한 반응이 변하지 않는다면, 이 또한 그대로 받아들이고 감정이 절대 흔들리지 않아야 합니다. 그리고 교사의 요구를 해당 학생과 모든 학생에게 담담하게 전해야 합니다. 예를 들면 이런 말이 필요합니다. "선생님은 여러분의 학습권을 위해 지금은 수업을 진행하고, ○○학생과는 별도의 시간을 갖겠습니다."

학생의 감정 상태가 안정된 시점을 잘 파악해서 해당 학생과 개별적으로 만나 생각을 차분히 밝히고, 그 당시 심적 상태나 이유를 묻는 등 학생의 생각을 들어야 합니다. 교사의 입장과 요구만을 먼저 내세우면 대화가 엇나갈 수 있습니다. 이해하고자 하는 마음을 전하고 경청하는 것이 필요합니다. 뜻밖의 이유가 있거나 순간적으로 감정을 잘못 표출한 것일 수 있습니다. 교사는 학생들에게서 받을 사랑과 상처를 함께 끌어안아야 하고, 교사 역시 학생에게 사랑을 주고 의도치 않게 상처도 줄 수 있는 존재임을 알아야 합니다.

가르치는 데 힘을 쏟아야 하는 교사는 자신을 위로하는 시간이 필요합니다. 묵상과 명상을 하며 불안감이나 비합리적 사고에서 벗어나고, 신체적 건강을 위해 활동하는 시간을 규칙적으로 가져야 합니다. 교사의 몸과 마음이 건강할 때, 합리적이고 이성적이면서도 학생의 감정을 감쌀 여유가 생깁니다. 다음의 사항이 학생 지도에 참고가 되기를 바랍니다.

- 학생 상담과 생활지도에 도움이 되는 연수에 참여하기
- 전문가가 운영하는 개인 혹은 집단 상담에 참여하기
- 비폭력 대화 연수에 참여하기
- 회복적 생활교육 연수에 참여하기
- 긍정적 훈육에 대한 연수에 참여하기
- 감정코칭 연수에 참여하기
- 교사를 위한 치유와 회복탄력성 높이기 프로그램에 참여하기
- 상담 및 심리학을 전공하는 대학원 과정에 진학하기
- 학생 상담 사례와 생활지도에 대한 실제적 경험을 다룬 도서 읽기
- 동료 교사와 함께 교육활동을 침해하는 학생에 대한 지도 방법과 고민 나누기
- 방학을 이용해서 소진된 몸과 정신을 회복하고 충전하는 시간 가지기

한국비폭력대화교육원	NVC(비폭력대화)	열린마당	교육안내/신청
교육원소개	NVC란?	새소식	교육/접수안내
마셜/CNVC소개	NVC교육영상	연습모임안내	강의일정/신청
트레이너/강사소개	느낌/욕구목록	서식/자료실	강사의뢰
NVC를나누고자 할때	추천의글		상담
오시는길	비폭력대화1장		결제등록

교육/접수안내

다음은 2023년 현재를 기준으로 작성한 교육안내문입니다.

정기교육

구분	대상	시간	수강료	개강빈도	내용
NVC1	비폭력대화를 처음 배우시는 분	3시간*6주/주말/집중 18시간 내외	25만원	매월 5~6강	1. NVC 기본모델(관찰, 느낌, 욕구, 부탁) 2. 솔직한 자기표현(Expressing Honestly) 3. 진정한 대화를 방해하는 요소들 4. 공감(Empathy) 5. 네 가지 선택(4 Ears) 6. 감사(Gratitude)
NVC2	NVC1을 수강하신 분	3시간*8주/주말/집중 24시간 내외	30만원	매월 2강	1. NVC 모델로 말하고 듣기 2. 자기공감 3. 분노를 온전히 표현하기(1) 4. 분노를 온전히 표현하기(2) 5. 공감(Empathy) /Need 명상 6. 거절("No")하기와 듣기 7. 선택하면서 살기 8. 감사(듣고 싶었던 감사)

자료: 한국비폭력대화교육원(www.krnvcedu.com).

제8장

학생생활지도와 학부모 상담

Q49 생활지도와 관련해서 학부모로부터 민원을 접할 때가 많아지고 있습니다. 이에 대처할 바람직한 생활지도 방법과 교사로서 가져야 할 태도에 대해 알고 싶습니다.

 해답 구상하기

A49 영화 〈천국의 아이들(Children of Heaven)〉(1997)의 오전과 오후반의 어린 남매는 신발 한 켤레로 번갈아 신고 다니느라 지각합니다. 처한 역할에 따라 바라보는 게 달라진다고는 하나, 사정을 모르는 어떤 교사는 늦었다고 밖으로 쫓아내고 다른 교사는 안으로 데리고 옵니다(정일화, 제작 중). 행동을 바로잡으려는 마음에는 앞의 상황을 헤아리는 여유가 필요합니다. 먼저 학생이 처한 바를 들어

주고, 감정을 인정하며, 도움을 주고자 하는 교사의 존재를 부각하는 것이 필요합니다. 허구를 가미해서 현실감을 높인 모큐멘터리(mockumentary)로 프랑스 교실의 실상을 보여 준다는 〈클래스〉(2008)에서, 징계위원회에 참석한 학생의 부모가 집에서는 착하다는 말을 들은 교장은 "나쁜 학생이라는 게 아니라 의도이든 아니든 수업을 해친 행동이 쟁점"이라고 짚습니다(정일화, 제작 중). 비난의 차원이 아닌 행위의 원인에 초점을 맞추어서, 학생의 생각을 듣고 무엇이 문제인지 인식시키고, 바른 행동을 위한 해결 방안을 상호 모색하고, 훈계와 더불어 긍정적인 기대와 믿음으로 마무리하는 것이 바람직합니다(정일화, 2020; 정일화 외, 2024 재인용).

Q50 학급 규칙을 만들 때 유의해야 할 점은 무엇인가요?

🔈 **해답 구상하기**

A50 학급 규칙을 수립할 때, 학생들이 자율적 활동과 더불어서 교사의 의견 개진 등의 개입이 필요할 때도 있습니다. 영화 〈클래스〉(2008)에서 상벌점제 도입에 대해 의견을 나누는 교사들은 이 규정이 오히려 교사를 옭아맬 수 있다는 우려를 표하고, 교장은 시간을 두고 신중하게 살피자고 말합니다(정일화, 제작 중). 이처럼 규칙을 정할 때는 제정의 합리적 측면과 규칙이 불러올 부정적 가능성을 모두 숙고해야 합니다. 또한 규칙이 세세하거나 매사를 규제하면 학급 분위기가 경직된다는 점에 유의해야 할 것입니다.

Q51 학부모 면담이나 상담을 진행해야 할 때 유의해야 할 점은 무엇이 있을까요?

🔊 해답 구상하기

A51 학부모를 만날 때는 다음과 같은 점에 유의해야 합니다(정일화, 2020; 132-135).

- 면담은 밀폐된 곳을 피하고 정해진 공간에서 한다.
- 준비되지 않은 상태로 임하지 않는다.
- 긍정적으로 대화를 시작하고 학생의 학교생활을 살필 수 있는 자료를 준비해 공유한다.
- 학교와 교사가 학생에게 거는 기대를 공유한다.
- 학부모와 유대감을 쌓는 기회로 삼아 즐겁게 대화한다.
- 교사도 학생을 잘 알지만, 학부모는 자녀의 출생부터 전체 삶을 알고 있기에 학부모의 지원이 필요하다는 점을 기억한다.
- 교사와 학부모는 합심해야 한다는 점을 잊지 않는다.
- 학부모가 다른 학생을 대화에 끌어들인다 해도 다른 학생에 관한 이야기를 꺼내지 말고 개인정보 보호에 유의한다.
- 내 업무가 아닌 질문에는 답변을 피하고 담당자를 알려 준다.
- 개인 면담 중 일일이 받아 적기를 삼가고, 필요한 기록은 학부모가 자리를 뜬 후에 정리한다.

Q52 학생들에게 필요한 삶의 능력을 기르는 데 초점을 맞춘 '긍정적 훈육'으로 생활 지도를 할 때 유의할 점과 긍정 언어의 예시에는 어떤 것이 있을까요?

🔊 해답 구상하기

A52 긍정의 훈육과 처벌적 훈육의 가장 큰 차이는 학생과 교사 누구에게 도 수치심을 유발하지 않는다는 점입니다. 긍정의 훈육은 어떤 비난이 나 수치심, 고통 등을 행동의 동기에 포함하는 대신 책임감과 상호 협력을 이끄는 동시에 장기적으로는 학생에게 필요한 삶의 능력을 기르는 데 목표를 둡니다. 긍정의 훈육은 상호 존중과 협력을 바탕으로 하면서 부드러우나 단호한 태도도 요구합니다. 긍정의 훈육을 할 때 유의할 점은 다음과 같이 네 가지로 요약할 수 있습니다.

- 부드러우면서도 단호하게 아이들을 대하는가?
- 아이들의 소속감과 자존감을 느끼도록 도와주는가?
- 장기적으로 아이에게 좋은 영향을 미치는가?
- 인격 형성에 필요한 삶의 능력을 가르치는가?

긍정 훈육의 방법과 언어에는 연습이 필요합니다. 학생생활지도 시 다음의 예시와 같은 부드러우면서 단호한 언어를 사용하면, 학생과 교사 간에 상호 존중하며 문제해결을 위한 협력을 촉진하는 데 도움이 될 것입니다.

- 나는 네가 진지하게 말할 수 있다는 것을 알아.

- 나는 너를 진심으로 걱정하고 있어.

- 이 대화를 지속할 수 있을 만큼 우리 둘 다 차분해질 때까지 기다릴 거야.

- 나는 네가 유익한 해결 방법을 생각해 낼 수 있다고 믿어.

- 말한 것을 어떻게 행동으로 옮길 수 있을까?

Q53 상호 존중과 협력에 기반한 학급 생활 규칙을 만들 때 참고할 자료를 알고 싶습니다.

🔊 해답 구상하기

A53 열악한 교실을 성공적으로 변화시킨 미국의 초등학교에서 사용한 55가지 학급 규칙을 예시로 소개합니다. 이 규칙들은 한꺼번에 제시하지 않고 생활하면서 하나하나 더해진 것입니다(Clark, 2004; 정일화 외, 2024 재인용).

<표 8-1> 론 클락(Ron Clark)의 학급 규칙

1. 어른이 말씀할 때 바르게 응대한다.	28. 숙제하다가 질문이 있으면 바로 연락한다.
2. 눈을 보고 말한다.	29. 기본적인 예절을 익혀 실천한다.
3. 친구를 축하한다.	30. 식사 후에는 각자의 쓰레기를 책임진다.
4. 친구의 의견, 주장, 아이디어를 존중한다.	31. 청소하는 직원에게 감사를 표시한다.
5. 이기면 뽐내지 않고, 지면 화내지 않는다.	32. 버스를 타면 항상 앞을 향한다.
6. 대화 중에 질문을 받으면, 답변한 다음에 관심을 더 하여 되묻는다.	33. 새로운 사람을 만날 때 악수하고 이름을 되뇐다.
7. 재채기나 기침을 할 때 입을 가리고 실례를 구한다.	34. 음식이 제공될 때 자신의 몫만 가져간다.
8. 무례한 몸짓을 하지 않는다.	35. 누군가 떨어뜨린 물건과 가까이 있으면 집어 준다.
9. 뭔가를 받을 때 늘 감사의 인사를 한다.	36. 다른 사람을 위해 문을 열고 기다린다.
10. 선물을 하찮게 여기거나 선물한 사람에게 무례하게 굴지 않는다.	37. 누군가와 우연히 부딪히면, 내 잘못이 아니어도 실례했다고 말한다.
11. 뜻밖의 친절한 행동으로 다른 이를 놀라게 한다.	38. 현장 체험 때 공공장소에 조용히 들어간다.
12. 또래평가를 할 때 정확하게 한다.	39. 현장 체험 때 방문하는 곳에 호의를 표시한다.
13. 교실에서 함께 읽을 때 같이 한다.	40. 회의할 때 친구에게 말을 걸지 않는다.
14. 서술형 질문에는 완전한 문장으로 답한다.	41. 예의 바르게 전화를 받는다.
15. 보상을 요구하지 않는다.	42. 여행에서 돌아오면, 따라다니며 보호해 준 모든 분에게 손을 흔든다.
16. 숙제는 그날그날 한다.	43. 복도의 오른쪽으로 걷는다.
17. 수업 준비와 이동은 조용히, 빠르고, 질서 있게 한다.	44. 줄 서서 걸을 때 팔을 옆으로 하고 조용히 움직인다.
18. 순서를 지키고 정리정돈을 잘한다.	45. 새치기하지 않는다.
19. 과제를 받을 때 불평하지 않는다.	46. 영화를 보거나 원격교육 때 떠들지 않는다.
20. 대체 선생님이 지도할 때도 모든 학급 규칙은 똑같다.	47. 학교에 과자를 가져오지 않는다.
21. 특별한 학급 약속을 따른다.	48. 괴롭힘을 당하면 선생님이나 보호자에게 알린다.
22. 수업 중에 물 마시러 나가지 않는다.	49. 자신이 믿는 것을 지킨다.
23. 다른 선생님의 이름을 알고, 복도에서 만날 때 인사한다.	50. 긍정적으로 생활한다.
	51. 후회하지 않게 생활한다.
24. 화장실과 욕실을 깨끗하게 유지한다.	52. 실수에서 배우고 앞으로 나아간다.
25. 방문자가 환영받는 기분이 들게 맞이한다.	53. 상황이 어떻든 늘 정직하게 행동한다.
26. 점심 식사 때 자리를 맡아놓지 않는다.	54. 오늘 할 일은 오늘 한다.
27. 꾸지람을 받는 친구를 쳐다보지 않는다.	55. 자신이 될 수 있는 최고의 사람이 된다.

자료: Horry County Schools(www.horrycountyschools.net/Page/5659); 정일화 외(2024), p. 176.

Q54 수업과 진로와 관련해서 할 수 있는 생활지도의 범위가 궁금합니다.

📣 해답 구상하기

A54 「교원의 학생생활지도에 관한 고시」와 그 해설서에 따르면, 학교의 장과 교원은 학업 및 진로와 관련하여 ① 교원의 수업권과 학생의 학습권에 영향을 주는 행위, ② 학교의 면학 분위기에 영향을 줄 수 있는 물품의 소지·사용, ③ 진로 및 진학과 관련한 사항에 대해 학생을 지도할 수 있습니다. 교사의 수업권은 학생의 학습권을 보호하고 보장하기 위한 것이어서 학습권의 보호 및 보장이라는 전제하에서 행사될 수 있습니다. 진로 및 진학 관련 생활지도를 할 때 교원은 학생이 원하지 않는 경우에도 「교원의 학생생활지도에 관한 고시」에 따른 관련 생활지도를 할 수 있으나, 교원 자신의 신념과 가치를 거부하는 학생에게 강제하지 않도록 주의해야 합니다.

[① 교원의 수업권과 학습권에 영향을 주는 행위 예시]
- 교육내용 및 방법에 대한 정당하지 않은 요구
- 정당한 과제 지시에 따르지 않는 행위
- 수업에 늦게 들어오거나 무단으로 이동하는 행위
- 수업 중 엎드리거나 잠을 자는 행위
- 해당 수업과 관련 없는 타 교과 공부 또는 개인 과제를 하는 행위
- 수업 중 교사에 대한 폭언 및 위협적 행위
- 교원에 대한 모욕 행위

- 수업 중 부적절한 행동으로 주의를 분산시켜 원활한 수업에 지장을 주는 행위
- 학습을 위한 모둠 활동에 참여하지 않거나 다른 학생의 학습을 방해하는 행위

[② 학교의 면학 분위기에 영향을 줄 수 있는 소지 금지 물품 예시]

- 포커 카드, 화투 등 도박 물품
- 과다한 소음을 발생시키는 도구 또는 장치
- 휴대용 게임기
- 선정적 사진이나 영상물 등

💡 TIP

학생이 수업 중에 엎드려 잠을 자는 행위는 적극적으로 수업을 방해하지는 않더라도 면학 분위기에 영향을 미치기 때문에 생활지도를 할 수 있습니다.

Q55 「교원의 학생생활지도에 관한 고시」와 그 해설서에서 정한 생활지도 방법에 따른 절차가 궁금합니다.

📣 해답 구상하기

A55 「교원의 학생생활지도에 관한 고시」에 따른 학생생활지도의 영역은 ① 학업 및 진로, ② 보건 및 안전, ③ 인성 및 대인관계, ④ 그 밖에 학생 생활과 관련되는 분야입니다. 이에 해당하는 분야와 관련한 생활지도의 방법으로는

① 조언, ② 상담, ③ 주의, ④ 훈육·훈계, ⑤ 보상 등의 방법이 있습니다. 도구 또는 신체 등을 이용하여 학생의 신체에 고통을 가하는 방법을 사용해서는 안 됩니다. 생활지도로 조언과 상담을 할 때, 사생활과 개인정보의 보호에 각별히 유의하고, 밀폐된 곳은 피하되 비밀보장 및 신뢰와 안정감을 줄 수 있는 장소에서 진행해야 합니다. '교원의 학생생활지도에 관한 고시 해설서'에 따른 생활지도의 방법과 관련한 용어의 설명은 다음과 같습니다.

- **'조언'**이란 학교의 장과 교원이 학생 또는 보호자에게 말과 글로(정보통신망을 이용한 경우를 포함한다) 정보를 제공하거나 권고하는 지도 행위

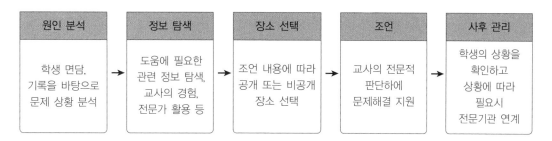

[그림 8-1] 조언의 절차

- **'상담'**이란 학교의 장과 교원이 학생 또는 보호자와 학생의 문제를 해결해 나가는 일체의 소통 활동

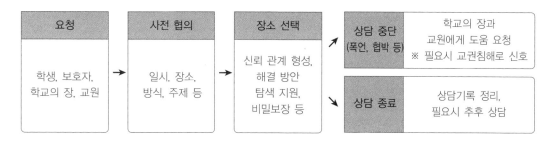

[그림 8-2] 상담의 절차

- **'주의'**란 학교의 장과 교원이 학생 행동의 위험성 및 위해성, 법령 및 학칙의 위반 가능성 등을 지적하여 경고하는 지도 행위

- **'훈육'**이란 학교의 장과 교원이 지시, 제지, 분리, 소지 물품 조사, 물품 분리보관 등을 통해 학생의 행동을 중재하는 지도 행위

- **'훈계'**란 학교의 장과 교원이 학생을 대상으로 바람직한 행동을 하도록 문제행동을 지적하여 잘잘못을 깨닫게 하는 지도 행위

- **'보상'**이란 학교의 장과 교원이 학생의 바람직한 행동을 장려할 목적으로 유형·무형의 방법으로 동기를 부여하는 지도 행위

Q56 학생들의 학습권 보호를 위해, 교육활동에 지장을 초래하는 학생을 분리해서 지도할 수 있는 학칙 규정의 예시 자료가 있나요?

📢 해답 구상하기

A56 학생이 교육활동을 방해하여 다른 학생들의 학습권 보호가 필요하다고 판단되는 경우, 해당 학생을 ① 수업 중 교실 내 다른 좌석으로의 이동, ② 수업 중 교실 내 지정된 위치로의 분리(실외 교육활동 시 학습집단으로부터의 분리를 포함), ③ 수업 중 교실 밖 지정된 장소로의 분리, ④ 정규수업 외의 시간에 특정 장소로 분리할 수 있습니다. '교원의 학생생활지도에 관한 고시 해설서'의 분리 조치 학칙 규정의 예시는 다음과 같습니다.

〈표 8-2〉 분리 조치 학칙 규정 예시

생활지도		요건	분리장소(시간)	절차 및 유의점	학습지원
3호 지도 수업 시간 중 교실 밖 지정된 장소로의 분리	가	1호 또는 2호 지도*에도 불구하고 교육활동을 지속 방해할 경우	학생을 지도·감독할 수 있는 개방된 교실 앞문 밖 복도(수업 시간 내 일부)	주의를 준 후 실시, 학생에게 자기 책상과 의자를 준비하게 할 수 있음	교과서 요약 등 과제 부여
	나	① 수업 중 학생 간 물리적 다툼으로 수업을 방해하는 경우 ② '가'에 따른 지도에도 행동 개선이 없는 경우	교무실 등 교감 지정 장소(수업 종료 시까지)	교사가 교무실에 학생 인계 요청 후, 교직원이 인계하여 학생을 교무실 등 지정 장소로 이동	행동성찰문, 교과서 요약 등 과제 부여
4호 지도 정규수업 이외의 시간에 특정 장소로의 분리	가	수업 시간에 지각**하여 교육활동을 방해하는 경우	교실 등 (점심시간 내 20분 내외)	식사에 필요한 최소 시간(20분) 보장	교과서 요약 등 과제 부여
	나	① 3호 '나'의 지도를 성실히 따르지 않는 경우 ② 학교폭력 사안처리 및 지도가 필요한 경우	교무실 등 교감 지정 장소(60분 이내)	학부모에게 지도 시간과 사유를 사전에 통지함	행동 성찰문 등 과제 부여
기타		※ 분리된 학생에 대한 지도는 학교 여건에 따라 시간대별로 교직원이 분담하는 방식 등을 정하여 실시할 수 있음			

* 1호 지도는 수업 시간 중 교실 내 다른 좌석으로의 이동이고, 2호 지도는 수업 시간 중 교실 내 지정된 위치로의 분리임(실외 교육활동 시 학습집단으로부터의 분리를 포함함).
** 지각의 기준을 학교에 따라 명확히 설정 가능함.
자료: 교육부, 이화여자대학교 학교폭력예방연구소(2023. 10. 1.), p. 65.

Q57 상호 존중과 배려의 공동체를 이루는 회복적 생활교육은 무엇인지 알고 싶습니다.

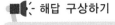 해답 구상하기

A57 회복적 생활교육은 잘못된 행위에 관계된 사람들이 해당 행동에 대한 피해, 욕구, 의무 등에 관해 대화를 나누고 관계를 형성하면서 이루어지는 치유와 회복을 의미합니다(정일화 외, 2024). 회복적 생활교육의 '비폭력대화법'은 서로의 차이를 인정하고 갈등을 평화롭게 해결하는 의사소통 방식입니다. 분노를 불러일으키거나 자존감을 떨어뜨리는 언어의 사용은 피하고, 공감하는 가치에 초점을 두어 상호 관계를 긍정적으로 형성하는 언어를 사용합니다(이미나, 나옥희, 2018: 858-856).

〈표 8-3〉 **회복적 생활교육의 목표와 실천 원칙**

목표	실천 원칙
• 피해를 바로 인식하고 모두가 공감하게 하기 • 피해 쪽과 가해 쪽의 필요를 알고 충족하기 • 당사자의 참여로 책임과 의무감을 가지게 하기 • 당사자들이 공동체에 재결합할 수 있도록 돕기 • 갈등을 공동체성을 키우는 기회로 만들기	• 관계가 공동체 형성의 중심인 점을 인식하기 • 관계 강화의 방향으로 해결 방안을 고안하기 • 규범 위배가 아닌, 피해에 초점을 맞추기 • 피해자가 목소리를 낼 수 있게 하기 • 공동으로 참여해서 해결하는 방식을 활용하기 • 미래에 초점을 맞춰 변화와 성장하게 하기

자료: 서정기(2012), p. 36 요약; Zehr (2002); 정일화 외(2024), p. 186 재인용.

제**9**장

교육과정

Q58 교육과정을 운영할 때 교수 · 학습 활동과 관련해 중요하게 생각해야 할 것은 무엇일까요?

📣 해답 구상하기

A58 질문과 관련해서 첫 번째로 살필 일은 '왜 가르치는가?' '무엇을 가르칠 것인가?' '어떻게 가르칠 것인가?' '어떻게 평가할 것인가?' 하는 물음에 대해 깊이 생각해야 합니다(정일화, 2020). 이러한 질문은 현재 가르치는 교육내용과 교수 · 학습 활동에 대한 반성적 사고를 불러일으키고, 교육과정의 재구성과 교수 · 학습 활동의 개선으로 이어지기 때문입니다. 두 번째는 교수 · 학습 활동에서 교사가 의도한 바와 실현된 교육과정의 차이를 살필 필요가 있습니다. 이는 앞에서의 성

찰과 연결되면서 학생들의 삶과 준비에 더욱 다가가는 가르침으로 생동하게 됩니다. 마지막으로, 잠재적 교육과정에도 민감해야 합니다. 표면적 교육과정을 따라가는 학생들은 은연중에 뜻밖의 학습을 하게 됩니다. 교수·학습 활동의 상호작용이 학생들의 품성에 영향을 미칠 수 있는 잠재적 교육과정에 주의를 기울여야 합니다.

Q59 교육과정 유형 중 공동 교육과정과 주문형 교육과정 각각의 특징을 알고 싶습니다. 특징을 살린 각 교육과정이 현장에서는 어떻게 운영되는지도 궁금합니다.

🔊 해답 구상하기

A59 **공동 교육과정**은 학교별로 희망하는 학생의 수가 적거나 교사 수급 등으로 개설하기 어려운 과목 등을 여러 고교가 협력해서 공동으로 개설하여 온·오프라인 방식으로 운영하는 교육과정입니다(교육부, 2021; 배화순, 이주연, 2023 재인용). 이는 대면이나 원격, 거점 센터, 학교 간 협력 등의 방식으로 운영되고, 일과 내, 방과 후, 주말, 방학 집중 과정 등 다양하게 이루어집니다. **주문형 교육과정**은 학생 선택과 같은 학습자 수요에 즉시성을 띠고 부응하는 교육과정입니다. 주문형 교육과정의 대표적인 예로는 학생의 진로 탐색 등을 위한 자유학기제가 있습니다.

Q60 우리나라 교육과정 최초로 국민참여형으로 설계된 '2022 개정 교육과정'의 비전과 중점은 무엇인가요?

📢 해답 구상하기

A60 '2022 개정 교육과정'이 추구하는 인간상의 핵심 가치는 '자기 주도성' '창의와 혁신' '포용과 시민성'입니다(교육부, 2021. 11. 24.), '포용성과 창의성을 갖춘 주도적인 사람'을 **비전**으로 삼는 '2022 개정 교육과정'의 **중점**은 [그림 9-1]과 같이 ① 미래 사회가 요구하는 역량 함양이 가능한 교육과정, ② 학습자의 삶과 성장을 지원하는 맞춤형 교육과정, ③ 지역 · 학교 교육과정 자율성 확대 및 책임교육 구현, ④ 디지털 · AI 교육환경에 맞는 교수 · 학습 및 평가 체제 구축입니다(교육부, 서울특별시교육청, 2022).

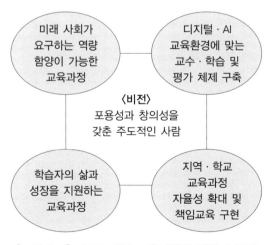

[그림 9-1] 2022 개정 교육과정의 비전과 중점

자료: 교육부, 서울특별시교육청(2022), p. 6 수정함.

TIP

인천광역시교육청의 e-book 사이트(edubook.ice.go.kr)에는 다양한 전자 자료가 탑재되어 있습니다.

Q61 '2022 개정 교육과정'의 운영을 위해 알아야 할 학교급별 교육목표와 주요 개정 사항은 무엇인가요?

🔊 해답 구상하기

A61 '2022 개정 교육과정'의 안정적 운영 및 정착을 위해서는 교육과정의 특징과 추구하는 목표를 이해하는 것이 중요합니다. 〈표 9–1〉을 참고하기 바랍니다(정일화 외, 2024).

〈표 9–1〉 2022 개정 교육과정의 학교급별 교육목표 및 주요 개정 사항

학교급		내용
초등학교	목표	• 학생의 일상생활과 학습에 필요한 기본 습관 및 기초 능력을 기르고 바른 인성을 함양한다.
	방향	• 자신의 소중함을 알고 건강한 생활 습관을 기르며 풍부한 학습 경험을 통해 꿈을 키운다. • 학습과 생활에서 문제를 발견하고 해결하는 기초 능력을 기르고 이를 새롭게 경험할 수 있는 상상력을 키운다. • 다양한 문화 활동을 즐기고 자연과 생활 속에서 아름다움과 행복을 느낄 수 있는 심성을 기른다. • 규칙과 질서를 지키고 협동정신을 바탕으로 서로 돕고 배려하는 태도를 기른다.
	주요 개정	• 입학 초기 적응을 위해 통합교과와 창의적 체험활동으로 내용 체계화 • 체험·실습형 안전교육 '즐거운 생활' 교과에 실내외 놀이 및 신체활동 강화 • 학교의 여건 및 학생의 필요에 따라 과목과 활동의 개설 운영

〈계속〉

	진료 연계	• 입학 초, 한글 해득 등 기초 문해력 강화 • 학교급 간 연계 및 진로교육 강화
	정보 교육	• 기존 17시간 → 변경 34시간
중학교	목표	• 초등학교 교육의 성과를 바탕으로, 학생의 일상생활과 학습에 필요한 기본 능력을 기르고 인성 및 민주 시민의 자질을 함양한다.
중학교	방향	• 심신의 조화로운 발달을 바탕으로 자아존중감을 기르고 다양한 지식과 경험을 통해 적극적 으로 삶의 방향과 진로를 탐색한다. • 학습과 생활에 필요한 기본 능력 및 문제해결력을 바탕으로, 도전정신과 창의적 사고력을 기른다. • 자신을 둘러싼 세계에서 경험한 내용을 토대로 우리나라와 세계의 다양한 문화를 이해하고 공감하는 태도를 기른다. • 공동체 의식을 바탕으로 타인을 존중하고 서로 소통하는 민주 시민의 자질과 태도를 기른다.
중학교	주요 개정	• 진로교육과 연계한 자유학기* 운영 내실화 • 학교스포츠클럽 활동 내실화 • 학습결손 방지를 위한 온라인 활용 • 학교의 여건 및 학생의 필요에 따라 과목의 개설 운영
중학교	진료 연계	• 중학교 3학년 2학기를 중심으로, 고등학교에서 교과별로 배울 학습 내용과 진로 탐색
중학교	정보 교육	• 기존 34시간 → 변경 68시간
고등 학교	목표	• 중학교 교육의 성과를 바탕으로 학생의 적성과 소질에 맞게 진로를 개척하며 세계와 소통하 는 민주 시민으로서의 자질을 함양한다.
고등 학교	방향	• 성숙한 자아의식과 바른 품성을 갖추고 자신의 진로에 맞는 지식과 기능을 익히며 평생학습 의 기본 능력을 기른다. • 다양한 분야의 지식과 경험을 융합하여 창의적으로 문제를 해결하고, 새로운 상황에 능동적 으로 대처하는 능력을 기른다. • 인문 사회 과학기술 소양과 다양한 문화에 대한 이해를 바탕으로 새로운 문화 창출에 기여 할 수 있는 자질과 태도를 기른다. • 국가 공동체에 대한 책임감을 바탕으로 배려와 나눔을 실천하며 세계와 소통하는 민주 시민 으로서의 자질과 태도를 가진다.
고등 학교	주요 개정	• 학점 기반 선택 교육과정 명시 • 진로 선택과목 이수 확대 • 융합선택과목 신설, 교과 구조 개선(기존의 '① 공통과목, ② 일반선택, ③ 진로선택'을 '① 공통, ② 일반선택, ③ 진로선택, ④ 융합선택'으로 개정)
고등 학교	진료 연계	• 진로와 적성 중심의 실제적 역량 기르도록 교과 재구조화
고등 학교	정보 교육	• 정보 · 인공지능 관련 선택과목 확대

* 자유학기는 중학생이 꿈과 끼를 찾을 수 있도록 토론 · 실습 등 학생 참여형으로 수업을 개선하고, 진로 탐색 활동 등 다양한 체험
활동이 가능하도록 교육과정을 유연하게 운영하는 제도(이승미, 2022: 140).
자료: 교육부(2022a, 2022b, 2022c)에서 발췌하여 표로 구성함; 정일화 외(2024), pp. 204-205.

Q62 학교 교육과정을 운영·편성할 때 유의할 점은 무엇이고, 추진 절차에 참고할 자료에는 어떤 것이 있을까요?

🔈 해답 구상하기

A62 학교 교육과정의 편성은 상위 지침에 따라 이루어져야 합니다. 편성과 관련한 제반 사항을 안내하고 협의회 등을 통해 구체적인 원칙, 내용, 절차 등을 공유해야 합니다. 편성을 위한 기초 조사 단계는 관련 규정을 검토한 뒤에 조사 요소의 선정, 조사 방법 등을 결정합니다. 실시한 조사 결과를 바탕으로, 학교 교육과정위원회의 검토와 학교운영위원회의 심의를 거칩니다. 편성의 일반적인 절차는 '준비' '편성' '운영' '평가'의 네 단계입니다. 〈표 9-2〉는 학교 교육과정 추진의 예시입니다.

〈표 9-2〉 학교 교육과정 추진의 예

단계	시기	주요 활동	세부 사항
조직 · 준비	12월 초	위원회 (재)조직	• 새 학년도 교육과정 편성을 위한 재조직 • 조직 및 업무의 구체화, 연수 실시
	12월	편성 계획 수립	• 편성 일정 편성, 역할 분담, 워크숍 실시 • 소규모 학교: 학교 내 조직 활용 및 학교 간 공동 위원회 구성
		시사점 추출	• 국가 수준 교육과정, 교육청 지침 분석 • 시 · 도교육청 및 지역교육청의 교육시책, 지표, 중점 과제 분석 • 학교 교육과정 반영 사항 분석
		실태 조사 · 분석	• 교사, 학생, 학부모, 지역민의 실태 분석, 요구 조사 • 교과, 창의적 체험활동 운영 실태 분석 • 학교 교육과제 및 중 · 장기 발전계획 조사 분석
		예산 편성	• 학교회계 법규상의 시기와 교육과정 편성 시기 일치 • 교육과정과 연계하여 합리적 기초 마련 • 부서별 예산 요구, 조정, 확정
편성	1월	기본방향 설정	• 민주적 의사결정의 학교경영 방침 설정 • 학교 교육목표 및 노력 중점 과제 설정 • 학교 교육과정 구성 방침 • 학년 · 학급의 교육과정 작성
		기본사항 결정	• 학교 중 · 장기 교육 발전계획 수립 • 교과별 · 학년별 지도 중점 · 내용 설정 • 창의적 체험활동 교육 중점 · 내용 설정
	2월	시안 작성	• 편제와 시간 배당, 수업 일수 및 수업 시수 확보와 조정 • 교과 · 창의적 체험활동 연간 운영 계획, 연간 행사 계획 • 교육평가 계획 수립 • 생활지도, 특수아 지도 및 교육자료 활용 계획 • 교과전담제 운영, 특별실 및 운동장 활용 계획 • 학습부진아 지도 및 방과후교육 활동, 현장 학습 계획 등
		시안 자체 심의	• 인쇄본 작성, 시안 자체 심의 · 검토 · 분석 • 추출된 문제점 반영, 시안 수정 · 보완
		운영위원회 심의 · 연수	• 학교운영위원회 심의 • 학교 교육과정 확정 • 교원 연수
운영	3~12월	유연한 교육과정	• 지속적 연수와 교내 자율장학 활성화 • 교육과정의 수정 및 보완 활용
			• 시간, 장소, 조직, 학습 내용, 집단 편성 등의 융통성 있는 운영 • 교육과정위원회, 교직원회, 학년협의회, 교과연구회, 장학협의회 등 운영
평가	연중 · 12월	교육과정 평가 · 개선	• 교과 · 창의적 체험활동 운영 수시 평가 및 개선 자료 수집 • 개선점의 추출, 다음 해의 학교 교육과정 편성 · 운영에 반영

자료: 광주광역시교육청(2014), p. 107.

Q63 학교 교육과정의 운영 결과를 평가할 때, 반영할 평가 요소는 어떤 것들이 있을까요?

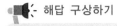 해답 구상하기

A63 학교 교육과정을 운영한 결과를 평가할 때의 기준은 학교급 및 학교마다 처한 여건이 다를 수 있습니다. 평가의 영역은 '계획' '운영' '성과'로 구분할 수 있고, 평가의 준거는 적절하게 운영되었는지, 실효성은 어느 정도인지, 구성원의 만족도는 어떠한지 등이 고려됩니다. 평가의 상세 요소는 〈표 9-3〉을 참고하기 바랍니다(정일화 외, 2024).

〈표 9-3〉 **학교 교육과정 평가 지표(안)**

평가 영역	평가 준거	평가 지표	평가 요소
교육 과정 계획	적절성	절차	전년도 계획 · 운영실태 · 성과를 분석 · 반영하는가?
			지역사회 · 학교의 특성 및 학생 · 학부모 · 교사의 요구를 반영하는가?
			계획 수립 과정에서 학교 구성원 간 논의하는가?
		내용	국가 교육과정 기준 및 교육청의 편성 · 운영 지침을 반영하는가?
			학교의 교육 중점, 중장기 발전계획, 운영 계획을 반영하는가?
			학교 특성과 학생의 요구를 고려하여 편제를 계획하는가?
			학생 특성 · 수준을 고려하여 수업 및 평가 활동을 계획하는가?
	실효성	실효성	교사가 운영하는 데 도움이 되는 실천 전략을 계획하는가?
			운영 및 성과를 지속해서 점검하고, 이를 피드백하는가?
	만족도	만족도	교사는 계획의 절차 및 내용에 만족하는가?
			학생 · 학부모는 학교의 의견 수용 노력에 만족하는가?

〈계속〉

교육 과정 운영	실행	적절성	수업 목표	교사는 국가 교육과정 기준에 근거하여 수업 목표를 설정하는가?
				교사는 학생의 특성 · 수준을 고려하여 수업 목표를 설정하는가?
		적절성	수업 내용	교사는 국가 교육과정의 기준과 수업 목표에 근거하여 수업 내용을 선정하는가?
				교사는 학생의 특성 · 수준을 고려하여 수업 내용을 재구성하는가?
			수업 방법	교사는 수업 내용과 학생의 특성 · 수준에 적합한 수업 방법과 매체를 활용하는가?
				교사는 학생의 수업 참여도를 높이는가?
			평가	교사는 수업 목표 및 내용에 적합한 평가를 실시하는가?
				교사는 평가 목적에 적합한 평가 방법 및 도구를 활용하는가?
				교사는 평가 결과를 정확하고 타당하게 분석하고 해석하는가?
				교사는 평가 결과를 수업에 대한 교육적 의사결정에 활용하는가?
		실효성	실효성	학교는 교육과정 계획 때에 배당한 편제 및 시간을 지키는가?
				학교는 교육과정 실행 과정을 지속적으로 점검하고 계획 · 운영에 피드백하는가?
				교사는 자신의 수업을 성찰하고 수업 계획에 피드백하는가?
				학생은 교과에 자신감, 흥미, 가치의 긍정적인 태도를 보이는가?
		만족도	만족도	학생 · 교사는 수업에 만족하는가?
				학생 · 학부모는 평가에 만족하는가?
	지원	적절성	적절성	학교는 교사 연수 및 장학을 실시하는가?
				학교는 교육과정 실행을 위해 학부모, 지역 인사 등과 긴밀하게 협조하는가?
				학교는 교육과정 실행에 필요한 예산 및 물리적 시설 · 설비를 지원하는가?
		실효성	실효성	학교는 교육과정 지원을 지속적으로 점검하고 계획 · 운영에 피드백하는가?
		만족도	만족도	교사 · 학생 · 학부모는 교육과정 지원 내용과 방식에 만족하는가?
교육 과정 성과		적절성	학업 · 활동	학생은 교과 · 활동 영역별 성취 기준에 도달하는가?
				학생의 교과 · 활동 영역별 성취도는 향상되는가?
			사회성	학생은 교사 및 친구와 원만한 인간 관계를 형성하는가?
				학생은 책임감, 자신감, 자아존중감을 가지는가?
		실효성	실효성	학생은 성취도 결과를 자신의 특성을 이해하고 향상하는 데 활용하는가?
				교사는 성취도 결과를 학생의 성취도 향상 및 진로지도에 활용하는가?
				교사 · 학교는 교육과정 성과를 지속적으로 점검하고 계획 · 운영에 피드백하는가?
		만족도	만족도	학생 · 학부모는 학교에서 제공하는 성취도 정보의 양과 질에 만족하는가?
				학생 · 학부모는 학생의 성취도 향상을 위한 교사 · 학교의 노력에 만족하는가?

자료: 박소영, 이수정, 최병택, 소경희, 이재기(2008), pp. 130-131 수정함; 정일화 외(2024), p. 213.

- **교과중심 교육과정**: 가르쳐야 할 내용을 교과로 한정한다.
- **경험중심 교육과정**: 학교의 계획, 의도, 지도하에 학생이 가지는 모든 경험이다(신정철, 1988).
- **학문중심 교육과정**: 학문의 핵심적인 아이디어인 '지식의 구조'를 학습하게 되면 '학문 분야'에서의 전이가 쉽게 이루어질 수 있다는 관점이다. 교과 내용을 나선형으로 조직하고, 지식의 전달뿐만 아니라 탐구와 발견의 과정도 중요시한다(임유나, 2022; 한혜정, 이주연, 2017).
- **인간중심 교육과정**: 학교생활의 모든 경험으로, 잠재적 교육과정을 중시한다. 자아실현에 목표를 두고 개인적인 가치와 성장을 존중한다(신정철, 1988).
- **이해중심 교육과정**: 교과에 대한 깊이 있는 이해와 적용을 강조한다. 교과 지식이 삶의 맥락에서도 전이가 이루어지도록 교과를 가르치는 방안을 체계적으로 제시한다(한혜정, 이주연, 2017). 이를 위해 ① 최종 목표 설정, ② 목표의 실증을 위한 평가 계획, ③ 학습 활동 계획'의 '백워드 디자인 (Backward Design)'이 사용된다(Wiggins & McTighe, 2011).
- **역량 기반 교육과정**: 인지적 측면뿐만 아니라 기능이나 정의적 특성까지 포괄하는 총체적인 능력의 발달을 강조한다. '실생활'에서의 전이를 강조하며 실제적 삶의 맥락과 연결되는 학습 내용이나 주제의 선정에 관심을 기울인다(한혜정, 이주연, 2017).
- **개념 기반 교육과정**: 전이가 높은 '개념' 중심의 학습망(學習網)을 형성하여 새로운 상황과 맥락에 대한 사고력과 문제해결력을 강화한다(정일화 외, 2024). 특정 과제나 문제의 해결보다 개념적 이해의 형성에 초점을 맞추면 인지적 이해를 심화시켜서 더욱 광범위한 적용이 가능할 것으로 본다(임유나, 2022).

Q64 학생평가 연수에서 전년도 시험 문항을 다시 출제하면 안 된다고 들었습니다. 기출 문항이 교육과정에서 제시한 성취 기준을 잘 반영하고 있는데 이런 경우에는 어떻게 하면 좋을까요?

📢- 해답 구상하기

A64 "전년도 시험 문항을 다시 출제하지 말라."는 것은 기출문제를 그대로 복사하여 출제하면 안 된다는 의미입니다. 사교육 시장에는 온라인 · 오프라인으로 학교별, 과목별로 기출문제가 자료집으로 제작되어 유통되기도 합니다. 평가의 형평성을 고려할 때, 교과 담당 교사는 기출문제를 학생에게 공개하여 사교육을 받지 않는 학생들이 소외되지 않도록 배려해야 합니다. 기출문항에 성취 기준

의 중요한 학습 요소가 포함되어 있으면, 문항의 유형과 형식을 다음과 같이 변형한 출제가 가능합니다.

- 지필평가 문항을 수행평가 서술형 문항으로 제작하기
- 지필평가 문항을 출제할 때 선택형에서 단답형 문항으로 변형하기
- 긍정 문항을 부정 문항으로 바꾸어 답지의 내용 수정하기
- 정답형 문항을 합답형 혹은 최선답형 문항으로 변형하기
- 열거형, 설명형, 선택지가 포함된 보기형, 그래프나 통계 등 문두와 연결된 자료를 다른 내용으로 구성하여 출제하기

성취 기준에 가장 중요한 핵심 개념이 담겨 있어 학생들이 명확하게 해당 용어를 이해하고 암기할 필요가 있는 경우, 선택형 문항에서 직접 답을 서술하는 단답형 문항으로 출제할 수도 있습니다. [그림 10-1]은 선택형 문항에서 직접 답을 서술하는 단답형 문항으로 변형·출제한 예시입니다.

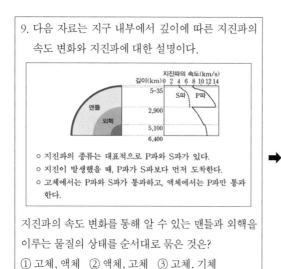

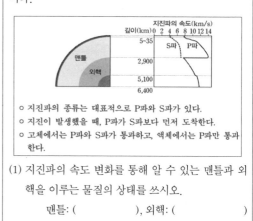

[그림 10-1] 선택형을 단답형 문항으로 변형 출제한 예시

자료: 2019 국가수준 학업성취도 평가의 문항을 인용 수정.

Q65 지필고사 문항의 난이도(어려움, 보통, 쉬움)를 어떻게 조절해야 할지 고민됩니다.

🔊 해답 구상하기

A65 평가와 관련해서 다음의 사항을 살펴야 합니다. ① 수업 시간에 형성평가를 통해 학생들이 가지고 있는 오개념 및 난개념 확인하기, ② 평가 전후에 학생들의 학업성취 수준에 따른 학습자료 제공하기, ③ 교사 및 교과협의회를 통해 전년도 문항 출제 난이도 검토하기, ④ 실시한 평가의 문항 통과율 및 난이도와의 상관관계에 대하여 동료 교사와 함께 분석하기, ⑤ 평가 결과 분석표에 나타나지 않은 정보 파악하기, ⑥ 학생의 학업성취도에 따라 피드백 등 개별 지도하기 등입니다.

전년도 문항을 살필 때는 최근 2~3년간 실시한 지필평가의 원안지와 문항 정보표를 확인할 필요가 있습니다. 다음 대화와 같은 경우도 있고, 교사의 난이도 예측과 비슷한 통과율이 나오거나, 쉬운 문항으로 예측했는데 통과율이 낮은 경우도 있습니다. 평가 전후의 문항 분석은 평가 전문성을 높이는 데 큰 도움이 됩니다.

"작년 지필고사 문항 정보표를 보면 O번 문항의 난이도가 '어려움'으로 되어 있는데 문항 통과율은 85%로 높게 나왔어요. 어떤 변인이 작용해서 이렇게 되었을까요?"

"학생들이 OO의 학습 내용을 어려워하고 오개념을 가진 학생들이 많아 시험을 보기 전에 몇 차례 반복해서 설명했어요. 그러다 보니 학생들이 이 학습 요소에 대한 중요성을 인지하고 공부를 열심히 해서인지, 문항 자체는 어려운 내용인데 통과율은 높아 난이도가 쉬운 문항처럼 해석할 수도 있어요."

TIP

- 고등학교에서는 특정 과목의 출제 문항이 어려울 경우 교과협의회를 통해 변동 분할점수를 산출할 수 있습니다. 이런 경우는 학업성적관리심의회를 거쳐 학교의 장이 결정합니다.
- 동일 학년에 2명 이상의 교사가 지필평가 문항을 출제할 때, 평가 영역을 나누어 출제하기보다 동일 영역에 대해 교사가 각각 문항을 제작하고, 제작된 문항 가운데 선별하여 수정하는 과정을 거치는 것이 바람직합니다.

Q66 선택형, 단답형, 짧은 서술형에 대한 좋은 문항의 사례를 알고 싶습니다. 과목별로 시판되는 문제집이 있고 학교에 기출문제 자료가 있지만, 이런 문항들을 어느 정도 신뢰해야 하는지 모르겠습니다. 잘 정선된 좋은 문항 사례를 얻고 싶습니다.

해답 구상하기

A66 한국교육과정평가원에 탑재된 다음의 기출문제 및 정보를 참고하면 도움이 될 것입니다. 기출문제의 간명한 문두, 자료의 구성, 답지, 문항의 형식에 주목하기 바랍니다.

- 국가 수준 학업성취도 평가 문항
- 초등학교 3학년 진단평가 관련 정보
- 초 · 중 · 고졸 인정 검정고시 기출문제
- 대학수학능력시험 및 모의고사 문항
- 유치원 · 초등학교 · 특수학교 교사 및 중등교사 임용 시험 기출문제

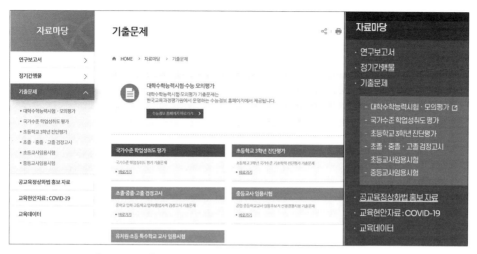

[그림 10-2] 국가 수준의 평가 정보에 관한 누리집 화면

자료: 한국교육과정평가원(www.kice.re.kr).

TIP

- 국가기초학력지원센터(k-basics.org) 및 한국교육과정평가원의 형성평가 시스템(fa.kice.re.kr)을 참고하기.
- 시·도교육청의 '기초학력 진단-보정 시스템'을 참고하기.
- 2017년까지 시행 후 없어진 고입선발고사는 한국교육과정평가원에서도 제공하지 않습니다. 일부 학교에서 이 기출문제를 학교 누리집에 탑재하고 있습니다. 이를 참고하면 중학교 수준의 정선된 지필평가 문항 자료를 확인할 수 있습니다.

자료: 서령중학교(seoryeong.cnems.kr/boardCnts/list.do?boardID=215360&m=0403&s=seoryeong).

〈계속〉

- 학생평가지원포털(stas.moe.go.kr)에서 다양한 평가 자료를 확인할 수 있습니다. 초·중·고 학교급별, 교과군, 과목별, 성취 기준별 수행평가 문항 예시 자료도 있으며 채점 기준표 예시 자료도 있습니다.

〈계속〉

자료: 학생평가지원포털(stas.moe.go.kr).

 지필평가 문항의 유형과 예시를 알고 싶습니다.

A67 지필평가 문항의 구성은 일반적으로 문두의 **발문**, 제시문·그림·도표 등 **자료**, **〈보기〉**, **선택지[답지]**의 요소로 구성됩니다. 구체적인 예로는, ① 발문-선택지, ② 발문-자료-선택지, ③ 발문-보기-선택지, ④ 발문-자료-〈보기〉-선택지, ⑤ 간접 발문-자료-직접 발문-선택지, ⑥ 간접 발문-자료-직접 발문-〈보기〉-선택지'의 구조가 있습니다. 지필평가 문항의 유형과 예시는 〈표 10-1〉을 참고하기 바랍니다.

〈표 10-1〉 **지필평가 문항의 유형과 예시**

응답 유형			문항 유형 및 예시	
선택형 (selection type)	진위형		다음 진술문을 읽고, 맞으면 ○표, 틀리면 ×표 하시오. 압력이 일정할 때, 기체의 부피는 온도에 정비례한다. ( )	
	배합형	단순	1. 다음에 동물들의 임신기간을 앞에서 찾아 ( ) 안에 그 번호를 써넣으시오. [각 1점] 　　임신기간　　　　　　　　　동물 ① 270~290일　　　　　( ) 돼지 ② 143~161일　　　　　( ) 개 ③ 112~114일　　　　　( ) 양 ④ 62~68일　　　　　　( ) 소 ⑤ 20~21일　　　　　　( ) 쥐	단순배합형
		복합		
		분류		
		관계분석		
		관계분류		
		공변관계		
	선다형	최선답	1. 그림은 판서의 내용이다. ㉠에 해당하는 사례로 가장 적절한 것은? [3점] 〈도덕 판단과 가치 판단의 관계〉 • 도덕 판단은 가치 판단의 한 부분임 • 가치 판단을 모두 도덕 판단이라고 하지는 않음 　가치 판단　　㉠ 도덕 판단 ① 젓가락을 그렇게 잡으면 안 된다. ② 가을에는 포도가 최고의 과일이다. ③ 오늘 아침 해돋이 풍경은 참 아름다웠다. ④ 다른 사람의 인격을 항상 존중해야 한다.	최선답형
		정답		
		다답		
		합답		

〈계속〉

서답형 (supply type)	완성형	불완전문장	1. 표에서 ㉠~㉣칸에 들어갈 단어를 쓰시오.	제한완성형
		불완전도표		
		제한완성		

원급	비교급	최상급
strong	㉠	㉡
㉢	㉣	best

[서답형 1] ㉠에 들어갈 검색어를 다섯 글자로 쓰시오. [5점]

통합 검색 [㉠] ▼ 🔍

삶 속에 겪게 되는 크고 작은 다양한 고통과 시련과 실패에 대한 인식을 도약의 발판으로 삼아 더 높이 뛰어 오르는 마음의 근력을 의미한다. 인생의 바닥에서 바닥을 치고 올라올 수 있는 힘으로 비인지능력 혹은 마음의 근력을 의미한다.

서답형 (supply type)	단답형	단구적	단구적단답형
		서술적	

서답형 (supply type)	서술형 논문형	응답제한	분량제한	응답에 제한하는 방식에 따른 분류
			내용범위제한	
			서술양식제한	
		응답자유	범교과	내용 특성에 따른 분류
			특정교과	
			단독과제	자료나 정보의 제시 방식에 따른 분류
			자료제시	

자료: 경기도교육청(2005). 평가 문항 제작 분석의 실제(중학교용), p. 9; 경기도교육청(2022). 평가 문항 제작 방법 참조함; 정일화 외(2024), p. 311.

Q68 지필평가 문항을 출제할 때 유의할 사항은 무엇일까요?

🔊 해답 구상하기

A68
지필평가의 문두는 간명하고 불완전한 문장 형식의 의문문으로 합니다. 수학 교과 등 수식을 입력할 때는 수식 편집기를 사용합니다. 선택지가 없거나 단순히 열거하는 제시문은 [그림 10-3]과 같이 넣습니다. 대학수학능력시험의 영어 지문의 제시는 상자(박스)를 사용하지 않습니다.

3. 다음을 주장한 고대 동양 사상가가 긍정의 대답을 할 질문으로 가장 적절한 것은? [3점]	12. 생명 과학자들의 주요 성과에 대한 설명으로 옳은 것만을 〈보기〉에서 있는 대로 고른 것은? [3점]

3. 다음을 주장한 고대 동양 사상가가 긍정의 대답을 할 질문으로 가장 적절한 것은? [3점]

> 도(道)는 흘러 넘쳐 왼쪽으로든 오른쪽으로든 이르지 아니하는 곳이 없다. 만물이 도에 의지하여 생겨나지만 도는 말이 없고, 공적이 이루어져도 그 공적이 자기에게 있다고 말하지 않는다. 또한 도는 만물을 생기게 하지만 자기 소유로 삼지 않고, 만물을 거느리는 주인이 되려 하지 않는다.

① 도는 만물의 화육에 개입하면서 세상을 주재하는가?
② 도는 하늘과 땅보다 먼저 존재한 자연 운행의 원리인가?
③ 도를 체득하기 위해서는 공적과 명예를 추구해야 하는가?
④ 도 자체는 사물이므로 인간의 언어로써 규정될 수 있는가?
⑤ 도가 인간을 넓히는 것이 아니라 인간이 도를 넓히는 것인가?

12. 생명 과학자들의 주요 성과에 대한 설명으로 옳은 것만을 〈보기〉에서 있는 대로 고른 것은? [3점]

> ㄱ. 파스퇴르는 생물 속생설을 입증하였다.
> ㄴ. 왓슨과 크릭은 DNA의 이중 나선 구조를 알아내었다.
> ㄷ. 하비는 인체에서 혈액이 순환한다는 사실을 알아내었다.

① ㄱ   ② ㄷ   ③ ㄱ, ㄴ
④ ㄴ, ㄷ   ⑤ ㄱ, ㄴ, ㄷ

[그림 10-3] 단순 열거 제시문 형식의 예시

자료: 2024학년도 대학수학능력시험 사회탐구(윤리와 사상); 과학탐구(생명과학Ⅱ).

💡 **TIP** --

수식 편집기는 한글 화면에서 'ctrl + n, m'을 누르면 창이 열리고 'Shift + Esc'를 누르면 창이 닫힙니다. 또는 한글 문서 작업창에서 메뉴의 '입력-수식-수식 편집기'로 이동하면 됩니다.

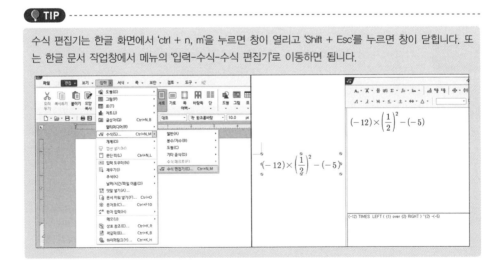

Q69 지필평가 문항을 출제할 때 개조식에는 어떤 기호를 어떻게 사용해야 하나요?

🔦 해답 구상하기

A69 여러 나라의 언어를 공통으로 표현하기 위한 체계가 유니코드(unicode)입니다. 유니코드는 숫자 · 사각형 · 원형 · 삼각형 · 다각형 · 화살표 특수기호, 일반 구두점 및 문장 부호 및 문장의 앞머리 기호를 칭하는 **블릿** 등이 있습니다. '한컴 한글'로 지필평가 문항을 출제할 때, 개조식으로 열거하는 내용 앞에는 [그림 10-4]의 굵은 선으로 표시된 박스 안에 있는 'ㅇ(2F11)'의 블릿 기호를 사용합니다.

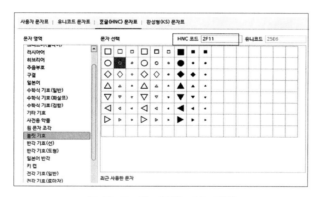

[그림 10-4] 블릿 기호 화면

자료: 한컴오피스.

💡 **TIP** -

자료에 ①, ㉠, ⓐ 같은 원문자 사용하여 밑줄 친 내용을 제시할 때, 원문자 다음 내용부터 밑줄을 칩니다.
㉮ 손난로를 흔들면, 손난로 속에 있는 ㉡ 철가루(Fe)가 산화되면서 열을 방출한다. (2024학년도 대학수학능력시험 화학I 발췌)

Q70 지필평가 문항을 출제할 때 설명을 덧붙이는 '( )'와 '[ ]'는 어떤 기준으로 구분해서 사용하나요?

🔊 해답 구상하기

A70 같은 음은 ( ) 안에 쓰고, 음이 다르거나 의미를 분명히 하기 위해서는 [ ]를 사용합니다. 혼재된 경우는 ( )로 할 수 있습니다. [그림 10-5]는 이와 관련한 예시입니다.

> 1. 다음 내용에 공통적으로 깃들어 있는 정신은? [3점]
>
> • '홍익인간(弘益人間)'의 이념
> • 동학(東學)의 '사람이 곧 하늘[人乃天]'
>
> ① 가치전도   ② 가치중립
> ③ 규칙존중   ④ 인간존중
> ⑤ 자아존중

[그림 10-5] **지필평가 문항의 설명 기호 예시**

Q71 합답형 문항을 출제할 때 유의할 사항은 무엇일까요?

◀◉〈 해답 구상하기

A71 합답형 문항을 출제할 때 유의할 점은 다음과 같습니다.

- 자료나 제시문에 선택지가 있으면 〈보기〉 상자를 사용한다.
- 〈보기〉를 보고 고른 선택지의 수가 답지에서 다양한 경우는 다음과 같이 기술하여 다답이 발생하지 않게 한다.
  - '~을 〈보기〉에서 모두 고른 것은?'
  - '~(만)을 〈보기〉에서 고른 것은?'
  - '~(만)을 〈보기〉에서 모두 고른 것은?'
  - '~(만)을 〈보기〉에서 있는 대로 고른 것은?'
- 문두에 사용되는 '모두' 또는 '있는 대로'와 같은 기술은 문항의 특성에 따라 일관성이 있게 한다.
- 답지에서 정답의 단서가 제공되지 않도록 〈보기〉의 선택지를 편중되지 않게 한다.
- 답지를 구성하는 선택지의 수가 적은 순서 및 'ㄱ ㄴ ㄷ' 순으로 배열한다.

7. 그림은 탄소(C)와 2주기 원소 X, Y로 구성된 분자 (가)~(다)의 구조식을 단일 결합과 다중 결합의 구분 없이 나타낸 것이다. (가)~(다)에서 모든 원자는 옥텟 규칙을 만족한다.

$$
\begin{array}{ccc}
& \overset{\displaystyle X}{\underset{|}{}} & \\
X-C-X & Y-C-Y & Y-X-X-Y \\
\text{(가)} & \text{(나)} & \text{(다)}
\end{array}
$$

(가)~(다)에 대한 설명으로 옳은 것만을 <보기>에서 있는 대로 고른 것은? (단, X와 Y는 임의의 원소 기호이다.) [3점]

──────〈보 기〉──────
ㄱ. 다중 결합이 있는 분자는 2가지이다.
ㄴ. (가)는 무극성 분자이다.
ㄷ. 공유 전자쌍 수는 (나)와 (다)가 같다.

① ㄱ   ② ㄷ   ③ ㄱ, ㄴ   ④ ㄴ, ㄷ   ⑤ ㄱ, ㄴ, ㄷ

[그림 10-6] 합답형 문항의 〈보기〉 상자의 사용 예시

자료: 2024학년도 대학수학능력시험 과학탐구(화학Ⅰ).

💡 TIP --

최근에는 답지에서 선택지 수와 관계없이 발문에 '~(만)을 〈보기〉에서 모두 고른 것은?'으로 하는 추세입니다.

Q72 서술형이나 논술형 문항을 출제할 때 어떤 부분에 유의해야 할까요?

📢 해답 구상하기

A72 교육부 훈령 및 시도교육청의 학업성적관리시행지침에 제시된 해설문을 참고하면 좋습니다. 우선, 서답형 문항인 단답형, 서술형, 논술형 문항의 의미에 대해 시도교육청별로 다의적으로 해석되고 있어 이에 대한 통일된 정의가 필요합니다. 학생들이 직접 답을 서술하는 문항일 경우 넓은 의미로 서답형 문항이라고 합니다. 출제 문항에서 수험생이 문항에 대해 개념이나 용어를 간략하게 기술하는 경우는 서술형 문항이라기보다는 단답형 문항이며, 다음과 같은 부분을 유념하여 출제하기를 권합니다.

- 문두에 따라 평가 요소(채점)의 근거가 되는 자료와 조건 제시하기
- 부분 점수가 있는 문항의 경우 시험지에 부분 점수 기준 명시하기
- 문항 정보표에 부분 점수 및 인정 점수 부여 기준을 명료하게 제시하기

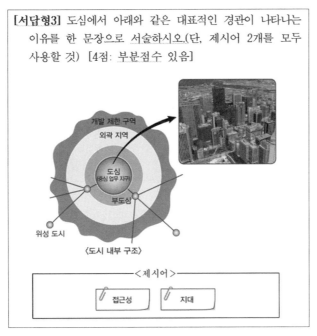

[그림 10-7] 서답형 문항의 문두 예시

자료: 한국교육과정평가원의 2019 학업성취도 평가 문항(사회).

서술형 문항은 문두와 자료, 조건 등을 명료하게 제시하여 학생들이 알고 있는 바를 혼선 없이 정확하게 서술할 수 있도록 제작하고, 채점 기준표도 분석적 채점표로 세밀하게 작성해야 합니다.

논술형 문항은 문두와 자료, 조건을 명료하게 제시하고, 학생이 알고 있는 것을 바탕으로 자신의 주장을 포함하여 서술할 수 있도록 제작해야 합니다. 채점 기준표는 총괄적 채점과 분석적 채점을 병행하여 제작하는 것이 좋습니다. 채점 기준표를 명료히 하여 채점자 간의 편차가 크지 않도록 신뢰도를 높이고, 가채점 후 채점자 간 조정 과정을 거칠 수도 있습니다.

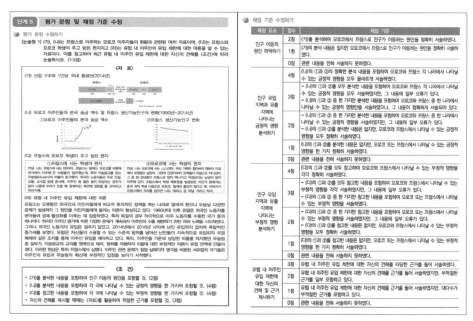

[그림 10-8] 평가 문항 및 채점 기준의 예시

자료: 학생평가지원포털(https://stas.moe.go.kr/bbs/artcl/artclList:EVAL_TASK_DEV_S3).

💡 **TIP** --

서술형, 논술형 평가를 수행평가로 할지 지필평가에서 다룰지 신중한 판단이 필요합니다.

Q73 "부정형 문항을 적게 출제해야 한다."라고 학교에서 연수를 받았습니다. 어떤 이유에서 부정형 문항을 적게 내야 하며, 부정형 문항 수를 줄이는 방법을 알고 싶습니다.

🔊 해답 구상하기

A73 평가는 또 다른 학습의 경험으로 학생들은 문제를 푸는 과정에서도 학습합니다. 학생들은 부정형 문항을 풀 때 부정적인 내용을 익히는 학습 경험을 한다고 볼 수 있습니다. 이는 부정형 문항을 통해 잘못된 내용을 찾아내는 학습보다는 올바른 내용을 선택하는 학습 경험이 더 유의미하기 때문입니다.

〈부정형 문항을 줄이고자 할 때, 합답형 문항의 형식으로 수정하는 예시〉

기존의 부정형 문항	긍정형의 합답형 문항
6. 도덕성이 낮은 사람의 행동 특징으로 적절하지 <u>않은</u> 것은? [3점] ① 충동적 감정과 욕구를 조절하지 못한다. ② 사회 규범을 모르고 잘못된 행동을 한다. ③ 쾌락의 결과로 얻는 즐거움만으로 행동한다. ④ 문제 상황에 민감하게 반응하고 관심을 가진다. ⑤ 도덕적 행동이 자신과 사회에 손해가 된다고 생각한다.	6. 도덕성이 높은 사람의 행동 특징만을 〈보기〉에서 모두 고른 것은? [4점] ── 〈보 기〉 ── ㄱ. 충동적 감정을 조절하지 못함 ㄴ. 자신의 행동 결과를 예측함 ㄷ. 사회 규범에 무관심하고 모름 ㄹ. 도덕적 갈등에 민감하게 반응함 ① ㄱ, ㄴ ② ㄱ, ㄷ ③ ㄴ, ㄹ ④ ㄷ, ㄹ ⑤ ㄱ, ㄷ, ㄹ

[그림 10-9] 부정형 문항을 긍정형 문항으로 변형한 예시

- **최선답형**: 답지에서 발문에 가장 적합한 답을 선택하는 문항. "~ 중 가장 적합한 것은?"
- **정답형**: 답지 가운데 하나의 정답만을 선택하는 문항. "~에서 옳은 것은?"
- **합답형**: 〈보기〉 자료에 선택지를 제시하고 답지에 선택지를 올바르게(혹은 잘못) 묶은 것만을 선택하도록 하는 문항. "~에서 옳은 것만을 모두 짝지은 것은?"
- **완성형**: "도라지를 물에 담가 쓴맛 제거할 때와 섞여 있는 소금과 모래를 물에 녹여 분리할 때 공통으로 활용되는 물질의 특성은 (　　　)이다."

Q74 과정중심 수행평가의 의미를 정확하게 모르겠습니다. 학교생활기록부 기재 요령의 교과학습 발달상황과 학업성적관리시행지침에는 '수행평가에서 과제는 수업 중에 학생들이 수행하는 것'으로 제시되어 있는데, 수업 시간에 하던 학습 활동 과제를 가정에서 완성해 오게 하는 '과제'와는 다른 것인가요? 가정에서 완성한 부분을 평가해도 될까요?

📢 **해답 구상하기**

A74 '수행(遂行, performance)'은 구체적인 상황에서 실제로 행동을 하는 과정(process)이나 그 결과(product)를 의미합니다. 수행평가는 학생이 가지고 있는 지식, 기능, 태도 등의 능력을 직접 수행으로 나타내 보이는 토의·토론, 실험, 실습, 실기, 표현하기, 말하기, 듣기, 쓰기, 읽기, 프로젝트 과정과 산출물, 포트폴리오 등의 과정과 결과를 수업 시간에 관찰하고, 누가(累加) 기록하여 학생의 성장과 변화를 피드백하며 그 과정과 학습 산출물을 함께 평가합니다. 학생들이 수행하는 '과제'는 외부의 영향이 포함될 수 있는 '홈워크'가 아니라 수업 시간 중에 수행해야 할 '학습 요소(평가 요소)'가 담긴 학습 활동을 의미합니다. 학생이 학습 활동 과제를

정해진 수업 시간에 완성하지 못했다면 학생이 도달한 수행의 정도까지 평가하면 됩니다. 미완성한 부분을 가정학습 등을 통해 완성해 오도록 하면 평가의 공정성에 문제가 생기게 됩니다. 학생 본인의 역량으로 완성했는지 다른 조력자의 영향을 받아 완성했는지 교사가 직접 관찰할 수 없기 때문입니다.

💡TIP --

- 교육부(2017). **과정 중심 평가의 개념과 의미**. 행복한 교육, p. 52.
- 김새로나, 변혜라, 김영란, 우하영(2020). 과정중심평가, 이렇게 해 봐요!' 중등교사용. **2020 과정중심 평가 역량 강화 자료집**. 경상남도교육청.
- 한국교육과정평가원(2017. 5. 10.). 과정을 중시하는 수행평가, 이렇게 해요! **KICE 연구 · 정책브리프 5권**, 1-7.
- OECD. (2017). *PISA 2015 collaborative problem solving framework*. PISA 2015 Assessment and Analytical Framework: Science, Reading, Mathematic, Financial Literacy and Collaborative Problem Solving.

제 **3** 부

학교 행정의 이해

제11장
학교 조직과 학사 운영

Q75 지역적 환경에 따라 학교의 규모가 매우 다릅니다. 소규모 학교의 경우 업무 분장을 어떻게 하나요?

🔊 해답 구상하기

A75 학교의 규모가 크든 작든 처리해야 하는 업무와 공문 수발(受發)은 비슷합니다. 소규모 학교의 경우에 제외되는 일이 가끔 있기는 하지만 별반 차이가 나지 않습니다. 따라서 교사 정원이 적은 학교는 교사 한 사람이 담당하는 업무의 종류가 많아서 업무 부담이 가중되는 편입니다. 하지만 소인수 구성의 특성은 소통이 원활하여 업무 처리가 쉽게 끝나기도 합니다. 이에 비해 다인수 구성원으로 이루어진 대규모 학교는 각자가 담당할 업무 부담은 덜지만, 절차가 조금 더 복잡할

수 있고 관련 부서 간 소통하면서 처리하는 데 시간이 더 걸릴 수 있습니다.

Q76 학교에는 여러 부장 교사가 있는데 일반 교사와 어떤 차이가 있으며, 업무를 배정할 때 보직교사의 종류와 수는 어떻게 정해지나요?

■⏻- 해답 구상하기

A76 보직교사를 일컫는 부장 교사나 일반 교사는 "학생을 교육한다."라는 점에서 똑같습니다. 이에 덧붙여 부장 교사는 부서의 업무에 대한 책임을 떠안습니다. 따라서 학교의 장이 1급 정교사 가운데 임명할 때는 교직 경력, 업무 능력, 성향 및 적성 등을 고려해서 보직을 정합니다. 부장의 종류는 '업무 부장'과 '학년 부장'으로 구분할 수 있습니다. 업무 부장은 학사 일정, 학교 교육과정 등 학교 전반의 운영 및 행정 처리와 관련된 업무를 수행하고, 학년 부장은 학년 운영을 주도적으로 수행하는 역할을 합니다. 학교 규모에 따라 보직교사의 수가 달라지는데, 규모가 작은 경우 업무와 학년 부장을 겸하기도 합니다. 학교의 형편과 학교의 장이 추구하는 비전에 따라 업무 부서가 조정되고 명칭을 정하기 때문에 학교별로 조금씩 차이가 있습니다.

Q77 학교의 업무와 관련된 다양한 직종에 대해 알고 싶습니다.

🔊 해답 구상하기

A77 〈표 11-1〉처럼, 학교는 안팎으로 많은 구성원이 관련된 공동체입니다. 시간이 갈수록 '돌봄' 기능의 강화 등이 학교에 요구되고 있어서, 특히 이와 관련된 직무가 지속적으로 추가될 것입니다.

〈표 11-1〉 학교의 업무 관련 직종의 예시

구분		직종
교원	교수직	수석교사, 교사, 보건교사, 특수교사, 영양교사, 사서교사, 진로전담교사, 진로상담교사, 실기교사, 원로교사, 기간제 교사, 산학겸임교사
	관리직	교장, 교감, 원장, 원감
교육전문직		장학관, 장학사, 교육연구관, 교육연구사
교육행정직*		행정직, 기술직
교육공무직		교육실무사(교무, 과학, 전산, 사서), 교육행정지원사, 특수교육실무사, 교육복지사, 돌봄전담사, 에듀케어 강사, 영양사, 조리사, 조리실무사, 전문상담사, 지역사회전문가, 영어회화전문강사, 체육부 코치, 당직 실무원, 청소원, 기숙사 사감
기타		늘봄학교 강사, 방과후학교 강사, 다문화언어강사, 방과후 코디네이터, 특성화고등학교 취업지원관, 학교보안관

* 교육청의 지방공무원으로는 교육행정직, 보건직, 식품위생직, 전산직, 시설직, 기록연구직, 운전직, 기술직 등이 있음.

Q78 학교 내에 있는 인사자문위원회에는 누가 참여하며, 어떤 역할을 하나요?

📢 해답 구상하기

A78 학교는 민주적인 의사결정 과정을 통해 투명하게 학교를 운영할 수 있는 여러 위원회를 갖추고 있습니다. 그 가운데 「교육공무원 인사관리규정」에 따른 법정 위원회인 인사관리위원회는 '합리적이고 민주적인 인사행정을 구현'하기 위한 것입니다. **교감**은 **당연직 위원장**이 됩니다. 그 나머지 사항, 즉 위원의 구성 및 선출 등에 관한 사항은 '선출관리위원회'에서 구성원의 의견을 수렴해서 정합니다. 인사자문위원은 재직 중인 교사 가운데 비밀투표에 의해 선출됩니다. 인사자문위원회의 **역할**은 ① 교무 업무 분장 기준, ② 보직교사 임명 기준, ③ 학급담임 배정, ④ 훈포장 등 추천, ⑤ 파견, ⑥ 교사 초빙, ⑦ 전보 유예 등 인사와 관련한 사항을 다룹니다.

💡 TIP --

학교가 다양한 의견을 수렴하여 민주적으로 운영될 수 있도록 학교운영위원회를 비롯한 각종 위원회에 적극적인 자세로 참여하는 것은 교사의 책무이기도 합니다.

Q79 수업 시수를 확보하기 위해 학사 일정을 계획할 때, 교육해야 할 범교과 학습의 주제는 무엇이 있으며, 얼마의 시수를 확보해야 하나요?

📢 해답 구상하기

A79 범교과 학습의 주제별 시간 및 횟수는 제시된 법령·고시의 범위 내에서 교육청별로 의무 및 권장 편성이 조금씩 다릅니다. 또한 주제의 내용이 교과나 창의적 체험활동과 같이 주당 34시간의 교육활동 기준에 포함되지는 않기 때문에 법정 수업 일수 내에서 교과와 창의적 체험활동 영역에 포함해서 교육해야 합니다. 범교과 학습의 주제는 ① 안전·건강, ② 인성, ③ 진로, ④ 민주 시민, ⑤ 인권, ⑥ 다문화, ⑦ 통일, ⑧ 독도, ⑨ 경제·금융, ⑩ 환경·지속가능발전입니다. 이 밖에도 지역별 특성에 따라 교육하도록 권장하는 사항도 있습니다.

💡 **TIP**
- 에듀넷·티-클리어(www.edunet.net) → 검색어 입력 '범교과 학습 주제와 교과 교육과정 연결 맵'
- 에듀넷·티-클리어 → 수업 → 주제별 학습자료 → 범교과 학습 주제

〈표 11-2〉 2023년 경상북도교육청 초등학교 범교과 학습 주제 운영 시수 기준표

주제	기준 시수	실시 시수	편성·운영 방법 및 근거
생활·교통안전, 폭력예방 및 신변보호, 약물 및 사이버 중독 예방, 재난안전, 직업안전, 응급처치	51	51	• 교육과정과 연계한 안전교육 편성 프로그램과 안전교육 자료 적극 활용 ※ 학교안전정보센터(www.schoolsafe.kr) 참고 • 「학교안전사고 예방 및 보상에 관한 법률」 및 「학교안전교육 실시 기준 등에 관한 고시」

〈계속〉

성교육	15	15	• 안전교육, 보건교육 등과 통합하거나 교과교육과 연계 운영할 경우, 시수 인정 - 교육과정과 연계한 안전교육 편성 프로그램과 안전교육 자료 적극 활용
보건교육	(17)*	17	• 감염병 예방, 대처를 위한 적정 시수 유지 * ( )시수는 학교급별 최소 1개 학년 대상 시수임
소방훈련	연 1회	연 2회	• 안전교육(재난안전) 통합 운영 및 교과교육 연계
식품·안전 및 영양·식생활 교육	연 2회	2	• 교육과정과 연계한 영양·식생활교육 자료 적극 활용 ※ 학교급식정보마당(www.sfic.go.kr) 참고 • 안전교육 통합 운영 및 교과교육 연계
인터넷 중독교육	의무	(안전교육 통합)	• 안전교육 통합 운영 및 교과교육 연계
생명존중 및 자살예방 교육	6	6	• 안전교육, 인성교육 등과 통합하거나 교과교육과 연계 운영할 경우, 시수 인정
학교폭력 예방교육	11	12 (교과통합, 안전교육 통합)	• 교과 및 창의적 체험활동 시간과 연계 운영하거나 안전교육, 인성교육 등과 통합 운영할 경우, 시수 인정 • '어울림, 사이버 어울림' 프로그램을 활용한 교육 실시
인성교육	의무	(교과통합 운영)	• 도덕, 실과, 기술·가정, 정보 등 관련 교과를 통해 세부 주제 통합 운영 권장
진로교육	의무	(교과통합 운영)	• 중·고교의 경우 '진로와 직업' 교과와 창의적체험활동 '진로 활동', 자유학기 '진로탐색활동' 및 교과 수업과 연계하여 다양한 진로교육 실시
민주시민교육	권장	(교과통합 운영)	• 초등통합, 국어, 사회, 도덕, 통합사회 등 관련 교과를 통해 세부 주제 통합 운영
인권·장애인식 개선 교육	2	2	• 인권교육, 교과교육과 연계하거나 장애인의 날 및 장애이해 수업과 연계할 경우, 시수 인정
다문화 이해교육	2	2	• 교과교육 연계 및 세계인의 날(5. 20.)과 연계할 경우, 시수 인정
통일교육	의무	(교과통합 운영)	• 통일교육주간(5월 4주)과 연계·운영 • 도덕, 사회 등 관련 교과와 통합 운영
독도교육	권장	(교과통합 운영)	• 독도의 날(10. 25.)과 연계·운영 • 사회, 한국사 등 관련 교과와 통합 운영
경제금융교육	권장	(교과통합 운영)	• 사회, 실과, 기술·가정, 실용경제 등 교과와 통합 운영
환경·지속가능한 발전 교육	의무	2	• 환경, 사회, 실과 등 관련 교과와 통합 운영

* 기준 시수는 법령·고시·지침에 따름.
자료: 경상북도교육청(2023a), p. 73.

Q80 학교의 장이 재량휴업일로 지정하는 기준과 절차가 무엇인지 궁금합니다.

🔊 해답 구상하기

A80 「초·중등교육법 시행령」 제47조 제2항은 "학교의 장은 비상재해나 그 밖의 급박한 사정이 발생한 때에는 임시휴업을 할 수 있다."라고 규정합니다. 학교는 학사 일정을 계획할 때, 교사·학생·학부모로부터 전년도의 교육과정 운영에 대한 의견을 수렴해서 '학교교육과정위원회'에서 휴업일을 정하고, '학교운영위원회'의 심의를 거쳐 확정합니다. 사전에 계획되지 않은 '휴업일'을 학교의 장 재량으로 급히 실시하게 되면, 먼저 '임시 휴업(휴업일)'을 실시하고 교육청에 바로 보고해야 합니다.

📍**TIP** -

「초·중등교육법 시행령」 제47조(휴업일 등) ① 학교의 휴업일은 학교의 장이 매 학년도가 시작되기 전에 학교운영위원회의 심의를 거쳐 정하며, 토요일, 관공서의 공휴일 및 여름·겨울 휴가가 포함되어야 한다. ② 학교의 장은 비상재해나 그 밖의 급박한 사정이 발생한 때에는 임시휴업을 할 수 있다. ③ 학교의 장은 제2항에 따라 임시휴업을 하는 경우에는 지체 없이 관할청에 이를 보고해야 한다. ④ 제1항에도 불구하고 학교의 장은 토요일 또는 관공서의 공휴일에 체육대회·수학여행 등의 학교 행사를 개최할 수 있다. 이 경우 미리 학생, 학부모 및 교원의 의견을 듣고, 학교운영위원회의 심의를 거쳐야 한다. ⑤ 학교의 장은 제4항에 따라 학교 행사가 개최되는 날을 수업 일수에 포함할 수 있으며, 그 수업 일수만큼 제1항에 따른 휴업일을 별도로 정해야 한다.

 제**12**장
학교안전사고와
학교폭력의 예방과 대처

Q81 학교에서 발생하는 안전사고의 유형과 효과적인 예방 방법을 알고 싶습니다.

📢- 해답 구상하기

A81 학교안전사고는 학교급별로 차이는 있으나 학교안전공제중앙회와 시·도 학교안전공제회(2022)에 따르면, 운동장 또는 강당에서 친구들과 공을 가지고 활동하다가 발과 다리 등을 다치는 빈도가 높습니다. 이를 학교급별로 살피면, 유치원은 원아 상호 간 또는 물체에 부딪히거나 찔리거나 베이는 비율이 높습니다. 초등학교는 충돌 또는 넘어져서 다치는 비율이 높습니다. 중·고등학교는 축구나 농구를 하다가 다치는 비율이 높습니다. 사고를 당한 신체 부위로 유치원은 눈과

손가락, 초 · 중 · 고등학교는 손가락과 발목의 비율이 높습니다.

안전사고는 예방이 최우선입니다. 따라서 평소에 안전 의식을 높이고 위험 요인을 줄이거나 없애는 일이 필요합니다. 안전사고 예방을 위한 노력의 예시는 다음과 같습니다. ① 규칙적으로 학교 방송을 통해 안전사고 예방에 관한 주의를 환기하기, ② 학급 또는 학교 안전의 날을 정해 안전한 생활에 대한 인식 높이기, ③ 학급과 학교 내에서 안전사고를 유발할 수 있는 요소를 찾아내어 개선하기, ④ 학생회나 학급에서 정한 무(無) 안전사고의 일수 등 목표 달성 자축하기, ⑤ 교실에 안전에 관한 표어 및 포스터 게시하기, ⑥ 학급 조회나 종례 시간에 안전에 관해 주기적으로 훈화하기 등입니다.

♥ TIP

담임교사는 학급에서 안전교육을 할 때, 구두(口頭) 전달과 유인물을 병행하고, 지도한 자료를 정리 · 보관하여 필요할 때 증빙으로 삼으며, 자료를 매년 개선하여 사용하면 좋습니다.

Q82 학교에서 안전사고가 발생할 때, 교사가 대처하는 절차를 알고 싶습니다.

🔊 해답 구상하기

A82 안전사고가 발생하면, 긴급한 정도에 따른 적절한 대처가 필요합니다. 사고 현장의 상황별로 '응급처지' '119 신고' '보건교사 연락' 등의 조처를 단계적 또는 동시적으로 취해야 합니다. 병원으로 이송할 경우에는 교사가 동행하

고 발생 및 진행 상황을 학부모에게 알립니다. 119가 도착하기 전이나 보건교사와 연락이 닿지 않을 때 '응급의료정보센터 1339'에 전화를 걸면 필요한 도움을 받을 수 있습니다. 긴급한 구호 조처가 마무리되면, 학생들이 안정감과 질서를 회복하도록 신경을 써야 합니다. 현장을 수습한 뒤에는 요구되는 보고와 안내 절차를 밟습니다. 학교가 학교안전공제회에서 치료비를 지급받기 위해 하는 사고 통지는 사고발생일을 기준으로 7일 이내에 하는 것이 원칙입니다.

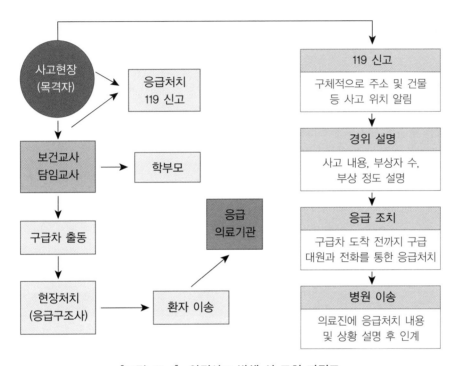

[그림 12-1] 안전사고 발생 시 조치 과정도

자료: 정일화 외(2024), p. 257.

Q83 학교폭력의 주요 유형과 구체적인 예시 상황을 알고 싶습니다.

🔊 해답 구상하기

A83 학교폭력의 유형은 신체적 폭력, 경제적 폭력, 정서적 폭력, 언어적 폭력, 사이버폭력으로 구분합니다. 이를 더 구체적으로 나누면 신체폭력, 언어폭력, 금품갈취(공갈), 강요, 따돌림, 집단 괴롭힘, 성폭력, 사이버폭력이 있습니다. 최근에는 사이버 따돌림과 같은 사이버폭력 및 디지털성범죄가 늘고 있습니다. 〈표 12-1〉은 학교폭력의 유형과 예시 상황입니다.

〈표 12-1〉 학교폭력의 유형과 예시 상황

유형	예시 상황
신체폭력	• 신체를 손, 발로 때리는 등 고통을 가하는 행위(상해, 폭행) • 일정한 장소에서 쉽게 나오지 못하도록 하는 행위(감금) • 강제(폭행, 협박)로 일정한 장소로 데리고 가는 행위(약취) • 상대방을 속이거나 유혹해서 일정한 장소로 데리고 가는 행위(유인) • 장난을 빙자한 꼬집기, 때리기, 힘껏 밀치기 등 상대방이 폭력으로 인식하는 행위
언어폭력	• 여러 사람 앞에서 상대방의 명예를 훼손하는 구체적인 말(성격, 능력, 배경 등)을 하거나 그런 내용의 글을 인터넷, SNS 등으로 퍼뜨리는 행위(명예훼손) ※ 내용이 진실이라고 하더라도 범죄이고, 허위인 경우에는 형법상 가중 처벌 대상이 됨. • 여러 사람 앞에서 모욕적인 용어(생김새에 대한 놀림, 병신, 바보 등 상대방을 비하하는 내용)를 지속적으로 말하거나 그런 내용의 글을 인터넷, SNS 등으로 퍼뜨리는 행위(모욕) • 신체 등에 해를 끼칠 듯한 언행("죽을래" 등)과 문자메시지 등으로 겁을 주는 행위(협박)

〈계속〉

금품갈취 (공갈)	• 돌려줄 생각이 없으면서 돈을 요구하는 행위 • 옷, 문구류 등을 빌린다며 되돌려 주지 않는 행위 • 일부러 물품을 망가뜨리는 행위
강요	• 속칭 빵 셔틀, 와이파이 셔틀, 과제 대행, 게임 대행, 심부름 강요 등 의사에 반하는 행동을 강요하는 행위(강제적 심부름) • 폭행 또는 협박으로 상대방의 권리행사를 방해하거나 해야 할 의무가 없는 일을 하게 하는 행위(강요) • 돈을 걷어 오라고 하는 행위
따돌림	• 집단적으로 상대방을 의도적이고 반복적으로 피하는 행위 • 싫어하는 말로 바보 취급 등 놀리기, 빈정거림, 면박 주기, 겁주는 행동, 골탕 먹이기, 비웃기 • 다른 학생들과 어울리지 못하도록 막는 행위
성폭력	• 폭행 · 협박을 하여 성행위를 강제하거나 유사 성행위, 성기에 이물질을 삽입하는 등의 행위 • 상대방에게 폭행과 협박을 하면서 성적 모멸감을 느끼도록 신체적 접촉을 하는 행위 • 성적인 말과 행동을 함으로써 상대방이 성적 굴욕감, 수치감을 느끼도록 하는 행위
사이버폭력	• 사이버 언어폭력, 사이버 명예훼손, 사이버 갈취, 사이버 스토킹, 사이버 따돌림, 사이버 영상 유포 등 정보통신기기를 이용하여 괴롭히는 행위 • 특정인에 대해 모욕적 언사나 욕설 등을 인터넷 게시판, 채팅, 카페 등에 올리는 행위. 특정인에 대한 저격글이 그 한 형태임 • 특정인에 대한 허위 글이나 개인의 사생활에 관한 사실을 인터넷, SNS 등을 통해 불특정 다수에 공개하는 행위 • 성적 수치심을 주거나, 위협하는 내용, 조롱하는 글, 그림, 동영상 등을 정보통신망을 통해 유포하는 행위 • 공포심이나 불안감을 유발하는 문자, 음향, 영상 등을 휴대폰 등 정보통신망을 통해 반복적으로 보내는 행위

자료: 교육부, 이화여자대학교 학교폭력예방연구소(2024. 2. 26.), p. 7.

TIP --

• 학생들이 장난으로 흘려 넘기는 행위도 학교폭력에 해당할 수 있다는 것에 대한 경각심을 가지도록 지도해야 합니다.
• 교육부와 이화여자대학교의 학교폭력예방연구소는 「학교폭력 사안처리 가이드북」을 학교에 제공합니다. 그리고 필요한 경우에 수시로 개정한 자료 파일을 교육부 누리집(www.moe.go.kr)에도 탑재합니다.

해답 구상하기

A84 2024학년도부터는 '학교 내외'에서 발생한 모든 학교폭력 사안의 조사는 교육청에서 위촉한 '학교폭력 전담 조사관'이 담당합니다. 학교는 전담 조사관의 활동에 협조할 의무를 지닙니다. 사안 처리의 과정은 [그림 12-2]를 참고 하기 바랍니다.

TIP --

교직원은 직무를 수행하면서 아동·청소년 대상의 성범죄 발생 사실을 알게 되면, 즉시 112 또는 학교 폭력 신고센터인 117에 신고해야 합니다.

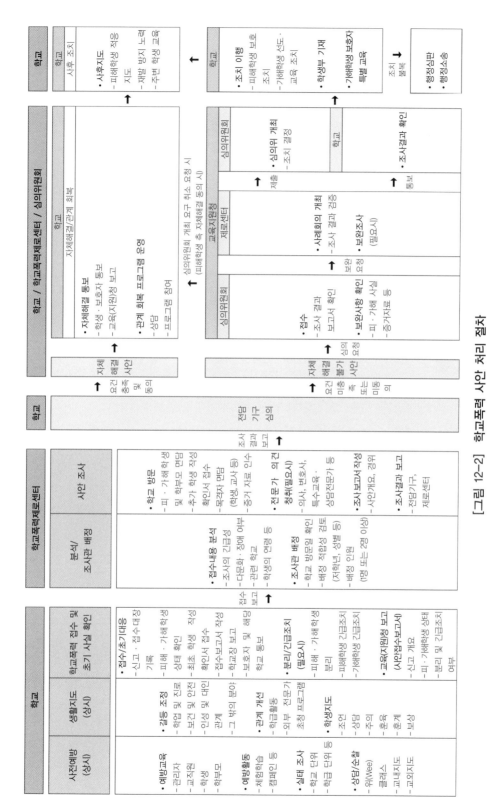

[그림 12-2] 학교폭력 사안 처리 절차

자료: 교육부, 이화여자대학교 학교폭력예방연구소(2024. 2. 26), p. 8 수정; 정일화 외(2024), p. 264.
* 학교폭력의 정확한 사안 처리 절차는 적용 당시의 해당 법령 및 「학교폭력 사안처리 가이드북」을 참고할 것을 요망.

Q85 학교폭력 사안 처리 과정에서 유의해야 할 점과 학교폭력과 관련한 학생을 지원하는 체제에 대해 알고 싶습니다.

🔊 해답 구상하기

A85 학교폭력 사안 처리 및 그와 관련된 과정에서 유의할 점은 다음과 같습니다.

- 심리적 안정 등 보호 조치 및 필요한 교육적 지원을 한다.
- 관련 학생들 간 파생되는 문제가 발생하지 않도록 유의한다.
- 피해 또는 가해 행위가 확정되기 전까지는 '**관련 학생**'이라고 칭한다.
- 공정한 자세를 견지하여 신뢰를 형성한다.
- 관련자의 개인정보를 보호하고 취득한 비밀을 지킨다.

〈표 12-2〉는 학교폭력의 피해 및 가해학생, 그 가족을 지원하기 위한 외부기관의 활동입니다.

〈표 12-2〉 **외부기관과 연계한 지원 체제**

기관	지원 체제
117 학교폭력 신고 · 상담센터	• 117 전화 신고, 24시간 운영, 긴급 상황 시에는 경찰 출동 및 긴급구조 실시
위(Wee) 프로젝트	• 학교 및 교육(지원)청에서 학생 상담 지원 • Wee클래스(학교 단위)-Wee센터(교육지원청 단위)-Wee스쿨(시 · 도교육청 단위) ※ Wee = **W**e+**e**ducation+**e**motion

〈계속〉

청소년상담복지센터 (청소년안전망)	• 위기 청소년에게 맞춤형 서비스를 제공하는 ONE-STOP 지원센터
청소년전화 1388	• 청소년의 위기 및 학교폭력 등의 상담 · 신고 전화
푸른나무재단(1588-9128)	• 전화 및 사이버 상담을 실시하고, 피해학생 및 가족 대상의 통합지원 • '학교폭력SOS지원단'에서는 화해 · 분쟁조정지원과 사안처리 진행 자문 및 컨설팅 지원
청소년꿈키움센터 (법무부 청소년비행예방센터)	• 가해학생 및 보호자 특별교육 • 찾아가는 학교폭력 예방교육 등 운영
대한법률구조공단(132)	• 법률상담 및 변호사 또는 공익법무관에 의한 소송대리 및 형사변호 등의 법률적 지원

자료: 교육부 · 이화여자대학교 학교폭력예방연구소(2024. 2. 26.), p. 26; 찾기 쉬운 생활법령정보(www.easylaw.go.kr).

Q86 학교폭력을 예방하기 위해서 교사가 알아야 할 피해학생의 일반적인 징후에는 어떤 것들이 있을까요?

🔊 해답 구상하기

A86 다음의 사항은 교육부와 이화여자대학교 학교폭력예방연구소(2024. 2. 26: 19-20)에서 제공한 「학교폭력 사안처리 가이드북」에 담긴 학교폭력의 피해 징후와 관련된 예시입니다. 가이드북에서는 이 중 어느 한 가지 징후에 해당한다고 해서 학교폭력의 피해학생으로 특정하기는 어렵고, 여러 가지 상황을 고려해서 감식해야 한다는 유의점을 덧붙이고 있습니다.

〈가정에서〉

● 표정이 어둡고 평소보다 기운이 없다.

● 이름만 불러도 놀라는 등 사소한 일에도 크게 반응하고 평소보다 예민하다.

● 학교 가는 것을 싫어하거나 두려워한다.

● 이유 없이 결석하거나 전학시켜 달라고 말한다.

● 몸에 상처나 멍 자국이 자주 발견되고 혼자 있고 싶어 한다.

● 절망감(예: '죽고 싶다')이나 복수심(예: '죽어라')을 표현하는 낙서가 있다.

〈학교에서〉

● 친구들이 자신을 험담해도 반발하지 않는다.

● 모둠 활동이나 학급 내 다양한 활동 시 소외되거나 배제된다.

● 쉬는 시간, 점심시간에 친구들을 피해 종종 자신만의 공간(화장실 등)에 머문다.

● 옷이 망가지거나 준비물, 소지품을 잃어버리는 일이 잦다.

● 학교행사나 단체 활동에 참여하지 않으려고 한다.

● 특별한 사유 없이 지각, 조퇴, 결석하는 횟수가 많아진다.

💡 **TIP** -

한국청소년정책연구원의 학교폭력예방교육지원센터(www.stopbullying.re.kr)에는 '어울림 프로그램' 등 학교폭력 예방교육 자료가 탑재되어 있습니다.

〈사이버폭력 피해 징후〉

● 불안한 기색으로 정보통신망을 자주 확인하고 민감하게 반응한다.

● 단체 채팅방에서 반복적으로 공격을 당한다.

● 용돈을 많이 요구하거나 온라인 기기의 사용요금이 지나치게 많다.

● 부모가 자신의 정보통신기기를 만지는 등 정보통신망을 보는 것을 극도로 싫어하고 민감하게 반응한다.

● 문자메시지나 메신저를 본 후에 당황하거나 정서적으로 괴로워 보인다.

● 사이버상에서 비하성 별명이나 욕으로 호칭되거나 야유나 험담이 많이 올라온다.

● SNS의 상태 글귀나 사진 분위기가 갑자기 우울해지거나 부정적으로 바뀐다.

● 컴퓨터 및 휴대전화 등 정보통신망을 사용하는 시간이 지나치게 많다.

● 잘 모르는 사람들이 자녀의 이야기나 소문을 알고 있다.

● 갑자기 휴대전화 사용을 꺼리거나 SNS 계정을 탈퇴한다.

 제**13**장
업무관리와 학교회계

Q87 공문서 작성 절차에 대해 알고 싶습니다.

🔊 **해답 구상하기**

A87 공문서의 작성은 ① K-에듀파인 접속, ② 문서관리, ③ 기안, ④ 공용서식, ⑤ 표준서식 중 선택, ⑥ 제목 입력, ⑦ 과제카드 선택, ⑧ 업무유형 선택, ⑨ 대국민공개여부, ⑩ 직원열람제한 설정, ⑪ 결재 경로 지정, ⑫ 수신자 지정, ⑬ 공람 지정, ⑭ 본문 작성, ⑮ 파일 첨부, ⑯ 결재 상신의 단계를 차례대로 밟으면 됩니다. 그러면 결재자가 검토와 결재를 합니다. 대외로 발송하는 공문이면, 결재가 완료된 후에 발송 의뢰를 합니다. 대국민공개여부 설정은 '공개제한근거'에서 '공

개' '부분공개' '비공개' 가운데 해당하는 하나를 선택합니다. 부분공개 또는 비공개
를 선택할 때, 화면에 초록색(관계법령)과 1~8호의 단추가 나타납니다. 이때 해당 내
용을 살펴서 적합한 것으로 정하면 됩니다.

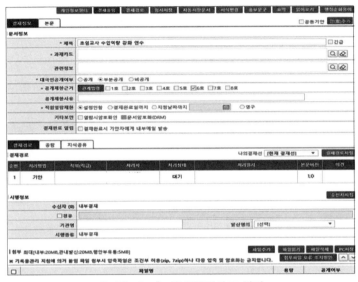

[그림 13-1] 문서관리카드 화면

자료: 대전광역시교육청 교육행정정보시스템(dje.neis.go.kr).

🔔 TIP

- 기안 작성 시 본문에는 개인정보를 넣지 않고 해당 정보를 첨부하는 문서에 기록한 다음, 공문서는
'부분공개'로, 첨부 파일은 '비공개'로 설정하면 학교의 정보공개 실적에 도움이 됩니다.
- 공문서 작성 때, 공개 또는 부분공개로 설정된 문서는 '대한민국 정보공개 포털(www.open.go.kr)'로
자동 연동됩니다. 이 포털에서 검색어를 입력하면 관련 문서를 볼 수 있습니다.

Q88 공문서 작성 시 유의할 점에 대해 알고 싶습니다.

🔦 해답 구상하기

A88 공문서는 간결하고 정확하게 전달해야 합니다. 또한 수신자를 존중하는 태도가 엿보이도록 기술해야 합니다. 공문서를 작성할 때 유의할 사항은 다음과 같습니다.

- 육하원칙에 입각해서 작성한다.
- 전하려는 내용을 빠트리지 않는다.
- 간결하게 항목별로 표현한다.
- 의미 전달을 정확히 한다.
- 쉽고 구체적인 용어를 사용한다.
- 어려운 전문 용어나 생소한 약어의 사용은 피한다.
- 한글 맞춤법에 맞게 한다.
- 숫자나 계수의 착오가 없게 한다.
- 복잡한 내용은 두괄식으로 한다.
- 수신자가 붙임 문서를 열 때, 첫 쪽의 상단이 보이도록 배려한다.

Q89 공문서를 작성하고 결재받으려고 하는데, 교장 선생님께서 출장 중입니다. 결재를 누구에게, 어떻게 받아야 하는지 결재 경로에 대해 알고 싶습니다.

📢 해답 구상하기

A89 결재의 종류는 행정기관의 장과 같이 소관 사항에 대한 결정 권한을 가진 사람이 직접 그 의사를 결정하는 행위를 하는 **결재**, 행정기관의 장으로부터 결재권을 위임받아 행하는 **전결**, 결재할 수 있는 자가 휴가, 출장, 그 밖의 사유로 결재할 수 없을 때 그 직무를 대리하는 사람이 행하는 **대결**이 있습니다. 따라서 교장이 출장 중인 경우 그 직무의 대리자로 지정된 교감 등이 대결할 수 있습니다.

Q90 담당 업무 관련 예산을 신청하려고 합니다. 어떻게 하면 될까요?

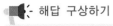 해답 구상하기

A90 교사는 교수활동과 교수용어에는 익숙하지만, 학교회계와 관련된 용어와 업무는 낯설게 느낍니다. 그렇다고 해서 그냥 지나친다면 현재 맡겨진 업무에 차질을 빚을 수 있습니다. 학교회계 흐름을 이해하고 나면, 이해한 만큼 보이게 됩니다. 학교회계 예산 편성 과정을 주관하는 행정실에서 관련 예산 계획을 요구하면, 담당한 세부사업의 전년도 예산분석과 전전년도 결산 등을 참고하여 해당 회계연도에 소요될 예상액을 산정해서 제출하면 됩니다.

과정	주체	법정기한	추진사항
학교회계예산편성 기본지침 시달	교육감	회계연도 개시 3월 전까지	• 학교 예산 운영에 필요한 제반 내용 등
학생 · 학부모 참여 예산	학교의 장	–	• 예산요구 의견 수렴 → 의견 접수 및 부서별 안내 • 소요 예산 등 실현 가능성을 고려하여 반영 여부 검토 • 학교운영위원회 예산 심의 시 「학생 · 학부모 참여예산제」 보고 및 예산 반영결과를 학교 누리집에 공개
교직원의 예산요구서 제출	학교의 장	–	• 세입예산의 규모 추정 • 학교 구성원에 대한 사전교육 • 필요한 사업 및 재정 소요액 등 기록 • 부서별 또는 개인별 예산요구서 제출
연간 총 전입금 및 분기별 자금교부계획 통보	교육감 (교육장)	회계연도 개시 50일 전까지	• 학교회계로 전출되는 금액의 총 규모 및 자금교부계획 통보 • 목적사업의 경우 대상 학교가 지정되는 대로 확정 · 통보
예산안 조정 작업 및 예산안 확정	학교의 장	–	• 학교의 총 세입 규모 확정 • 부서별 또는 전체 조정 회의를 거쳐 예산안 확정
예산안 제출	학교의 장	회계연도 개시 30일 전까지	• 학교운영위원회에 제출 • 제출 이후에 불가피한 경우 수정안 제출 가능
예산안 통지	학교운영 위원장	회의 개최 7일 전까지	• 학교운영위원에게 예산안 통지

예 · 결산 소위원회 구성	→	학교의 장 제안 설명 및 관계자 의견 청취	→	예산안 심의결과 송부	→	예산 확정	→	집행	→	결산 절차
학교운영위원장		학교운영위원회		학교운영위원회		학교의 장		부서		학년 말

[그림 13-2] 예산안의 편성 · 심의 · 확정 절차

자료: 대전광역시교육청(2023a), pp. 8, 10, 15. 통합 · 요약함; 정일화 외(2024), p. 284.

Q91 학년 교무연구실에서 프린터 토너를 구입하려고 합니다. 어떻게 하면 될까요?

해답 구상하기

A91 교사가 이런 일에 신경 쓰지 않고 구두로만 요구하면 행정적 절차가 이루어지고, 필요한 물품이 제공되는 시스템이 마땅할 텐데 아직은 그러하지 못합니다. 교구 등의 구입을 위해 신청하는 행위를 '품의(稟議)'라고 합니다. K-에듀파인 학교회계에서 품의하는 순서는 [그림 13-3]과 같이 ① 학교회계 선택, ② 품의 등록 선택, ③ 물품 선택, ④ 기본문구적용, ⑤ 제목과 개요 작성, ⑥ 예산 선택, ⑦ 물품내역 작성, ⑧ 저장, ⑨ 결재 요청의 단계로 작성하면 됩니다.

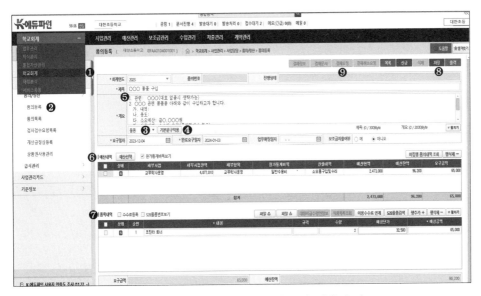

[그림 13-3] 에듀파인 학교회계 품의 작성 순서

TIP

[품의 내용 예시]

회계연도: 2024년

품의번호	2024R100006277000256

제목	3학년 교무연구실 프린터 토너 구입
품의 개요	3학년 교무연구실 프린터 토너를 다음과 같이 구입하고자 합니다. 1. 목적: 인쇄 상태 불량으로 교체 필요 2. 품명: 프린터 토너(모델명: MLT-650B) 3. 소요 예산: 금65,000원(금육만오천원) 4. 산출 근거: 32,500원 × 2개 = 65,000원 붙임 지출품의서 1부. 끝.

Q92

3월 초 전입해 온 교사입니다. 담당 업무 추진에 필요한 예산이 부족합니다. 어떻게 하면 될까요?

해답 구상하기

A92

「공립학교회계 예산편성 기본지침」은 예산 성립 후에 생긴 사유로 인하여 이미 성립된 예산을 변경할 필요가 있으면, 추가경정예산을 편성할 수 있습니다. 이 경우 예산 편성 및 예산 심의에 관한 규정을 따라야 합니다. 추가경정예산을 편성하는 절차는 다음과 같습니다(경상북도교육청, 2023b).

① 필요한 예산의 신청은 예산편성 기본지침에 따라 편성을 하고 필요한 경비를 기재한 예산요구서를 작성하여 학교의 장에게 제출할 수 있다.

② 학교의 장은 학교운영위원회 및 유치원운영위원회(이하 "운영위원회"라 한다.)에 제출한 예산안을 전입금의 변경 및 그 밖에 부득이한 사유로 인하여 수정할 경우에는 수정예산안을 운영위원회에 제출할 수 있다.

③ 운영위원회위원장은 운영위원회에 제출된 예산안을 회의 개최 7일 전까지 운영위원회 위원에게 통지하여야 한다.

④ 학교의 장은 운영위원회가 예산안을 심의하는 때에는 운영위원회에 출석하여 예산안에 관한 제안 설명을 하여야 한다.

⑤ 운영위원회는 학교의 설립목적과 교육과정을 고려하여 예산안을 성실하게 심의하여야 한다.

⑥ 운영위원회는 예산안의 효율적인 심의를 위하여 의결로써 소위원회를 구성할 수 있다.

⑦ 운영위원회는 예산안을 심의하는 경우에 학생의 수업에 지장을 주지 아니하는 범위에서 관련 교직원의 의견을 들을 수 있다.

이를 요약하면, 추가경정예산을 편성하는 절차는 ① 추가경정예산 편성 요건 발생, ② 추가경정예산 편성, ③ 예산안 심의(학교운영위원회), ④ 추가경정예산 확정, ⑤ 예산서 공개의 과정을 거쳐 진행됩니다. 추가경정예산을 요청한 담당 교사 등은 예산요구서를 작성해서 학교의 장에게 제출하기만 하면 됩니다(강원도교육청, 2023).

Q93 교내의 교사들과 함께 교육연구동아리 공모 사업에 선정되어 운영비를 지원받았습니다. 어떻게 사용하면 될까요?

🔈 해답 구상하기

A93 뜻이 맞는 선생님들과 함께 교육연구동아리 활동을 한다는 것은 즐겁고 보람 있는 일입니다. 참여하는 선생님들에게는 교사로서 성장하는 계기가 되기도 합니다. 교육청으로부터 지원받은 운영비는 목적성 경비이므로 지원 목적에 맞도록 적정하게 집행되어야 하고, 요구하는 서류와 영수증을 갖추어 결과 보고서에 첨부해서 제출해야 합니다. 선정 공문과 함께 '붙임'으로 내려오는 운영비 집행 지침을 잘 살펴서 처리해야 합니다. 다음의 예시는 '수업탐구교사공동체 운영비 집행 지침'입니다(경상북도교육청, 2023c).

- 본 예산은 목적성 경비이므로 지원 목적에 맞게 적정하게 집행한다.
- 지원 예산을 효율적으로 사용하며 집행 잔액이 발생하지 않도록 한다.
- 지원 예산은 동아리 구성원의 합의를 거쳐 운영자가 적정하게 관리하여야 하며, 관련 예산은 총무 계좌로 지원한다.
- 예산은 예산 편성 단위 단가표 기준에 맞게 집행하고 경비 지출은 통장 입금 및 현금카드로 결재함을 원칙으로 한다.
- 지원 예산은 연구 활동과 직접적인 관련이 있는 것에 사용하고, 부족한 경비는 회비 등 자체 경비를 확보하여 사용한다.
- 일회성 워크숍 경비 등에 지원 예산의 과다 지출을 지양한다.
- 공동체 회원에게 강사료, 자료 제작 수당, 원고료를 지급할 수 없다.
- 활동 목적에 위배되는 기념품, 시상금, 포상금 등은 집행이 불가하다.
- 불필요한 업무추진비 지출은 최대한 억제하며, 식비, 간식비, 업무추진비를 합한 경비 지출은 반드시 예산의 20% 이내에서 집행 가능하다.
- 공동체 활동 종료 후 활동 결과 및 예산 집행 결과를 보고하여야 하며, 정산 보고 시 증빙서류(영수증 등)를 pdf 파일로 별도 첨부한다.
- 공동체를 대표하여 원거리 출장 시, 소속기관에서 출장 여비를 받지 않으면 지원금으로 연 2회 이내에서 여비 규정에 맞게 교통비를 지급할 수 있다. 공동체 일반 회원의 교통비 및 출장비는 지원금으로 지급이 불가하다.
- 그 외 예산 사용은 '2023년도 학교회계 예산편성 방침'에 의거해서 집행한다.

Q94 개산급으로 지급받은 학급운영비를 정산할 때 제출하는 증빙자료에 대해 알고 싶습니다.

🔊 해답 구상하기

A94 학교교육활동경비(학급운영비)는 집행 시 담임교사의 신용카드 사용이 원칙이므로 학급운영비 정산 시 제출해야 하는 증빙자료는 구매한 내역과 금액을 확인할 수 있어야 합니다. 그리고 담임교사는 학급운영비 집행 정산서를 증빙서류와 함께 행정실에 제출해야 합니다. 정산 시 제출해야 하는 증빙자료는 다음과 같습니다(광주광역시교육청, 2023).

- 신용카드를 사용하는 경우는 ① 또는 ②
  ① 구매한 내역(품목)과 금액이 확인 가능한 신용카드 매출전표 원본
  ② 구매 금액이 확인 가능한 신용카드 매출전표 원본 및 거래명세표(견적서)
- 거래명세표(견적서)는 사업자번호를 확인할 수 있는 전산자료 또는 간이영수증
- 카드리더기 고장 및 미 구비 등으로 현금을 사용하는 경우는 ① 또는 ②
  ① 현금영수증 원본 및 거래명세표(견적서)
  ② 세금계산서(계산서) 및 거래명세표(견적서)
- 증빙자료를 분실한 경우 또는 전산자료의 내역이 휘발된 경우
  ① 신용카드: 카드사 홈페이지에서 재발급한 매출전표 및 거래명세서(견적서)
  ② 현금영수증: 국세청 현금영수증 사용내역 인쇄물 및 거래명세서(견적서)

💡 **TIP** ---

개산급은 장래 지출할 것에 대한 확정 이전에 금액을 개략적으로 계산하여 사전에 지급하는 지급 방법으로, 지출 후 확정 금액을 정산해야 합니다.

Q95 학습준비물을 구입할 때 주의할 사항을 알고 싶습니다.

해답 구상하기

A95 학습준비물 지원 품목에 대한 판단은 학교가 자율적으로 결정하되, 학년 공통, 학교 공통의 학습준비물 구입 때, 학년 단위는 학급 교사 간, 학교 단위는 학년 부장 또는 담당 교사 간 자율적 협의를 통해 학습준비물을 선택·결정하고 내부결재의 절차를 거쳐야 합니다. 학습준비물 지원 시 주의 사항은 다음과 같습니다(광주광역시교육청, 2023).

- 학습준비물 예산에서 학습준비물이 아닌 물품은 구매할 수 없다.
    - 개인이 사용하는 기본 학용품(연필, 공책, 지우개, 자 등)
    - 입에 대고 사용하는 악기류(리코더, 하모니카 등)
    - 사무용품, 비품, 교구
- 안전관리 기준을 통과한 학습준비물 우선 구입·운용 권장한다.
- 반복 사용이 가능한 학습준비물은 가급적 고품질로 구입하여 사용 후, 재고로 관리하여 운용의 효율성을 제고한다.
- 학습준비물 구입 예산의 15% 이상을 학교 인근 문구점에서 구매를 권장한다.
- 학습준비물 지원 내용을 학부모에게 사전에 안내한다.
- 학습준비물을 학년 초에 구입을 유도하고, 학생과 학부모의 부담으로 전가되지 않도록 학교 교육과정 운영에 따라 적기 구입한다.

● 학습준비물 사용에 대한 절약, 낭비 예방 교육을 실시한다.
● 학생의 심리·정서를 위한 식물 키우기 재료 등의 학습준비물 지원을 권장
한다.

제14장

교육활동 침해 민원의 대응

Q96 유치원과 초등학교에서 발생하는 민원의 유형을 알고 싶습니다.

🔊 해답 구상하기

A96 학부모에 의해 제기되는 유치원과 초등학교의 민원과 그에 대한 대응은 다음과 같은 구분할 수 있습니다. ① 학부모의 교육적 참여가 교사의 저항 없이 그대로 수용되거나 수정되는 유형, ② 학부모의 무리한 개입이 교사의 저항 감을 유발하여 거부나 회피되는 유형, ③ 학부모의 지속적이고 과다한 요구로 인해 교사가 부담을 느껴서 수용이 지연되는 유형 등입니다(홍우림, 2018). 교사는 합당한 민원에 대해 동조의 태도를 보이며 소극적 또는 적극적으로 대응하기도 하지만, 거

듭되는 부당한 요구에는 '분노' '거부' '방어' '회피' '지연' 등으로 정신적 소진을 겪습니다. 그러다가 인내심의 한계에 다다라서 순간 불끈하게 되면 험난한 민원의 길로 말려듭니다(김차명, 2018).

Q97 중학교와 고등학교에서 발생하는 민원의 유형과 양상을 알고 싶습니다.

해답 구상하기

A97 중학교와 고등학교에서 발생하는 민원의 유형과 양상은 다음과 같습니다. ① 교사와 학생 간의 갈등이 교사와 학부모와의 갈등으로 옮겨 가는 경우, ② 시험 감독 또는 평가의 타당성과 공정성에 대해 시시비비를 따지는 경우, ③ 학교폭력의 처분 결과에 대해 불만을 제기하는 경우, ④ 담임 및 교과 교사의 자질에 대한 불만을 표출하는 경우, ⑤ 학교 급식의 질에 대한 불만을 제기하는 경우 등입니다(송현섭, 2018).

TIP ---

긴급 전화번호 1395 교원이 악성민원, 형사고발, 우울감 등 위기 상황에서, 즉시 도움을 요청하거나 신고할 수 있습니다.

Q98 교원의 교육활동 보호를 위한 '교권보호 5법'의 주요 개정 내용과 취지를 알고 싶습니다.

📢 해답 구상하기

A98 **교권보호 5법**은「교육기본법」「초·중등교육법」「유아교육법」「교원 지위 향상 및 교육활동 보호를 위한 특별법(이하 교원지위법)」「아동학대범죄의 처벌 등에 관한 특례법(이하 아동학대처벌법)」개정안을 지칭합니다.

이 법률의 **개정 취지**는 다음과 같습니다. ① 교육공동체의 보호자로 학부모 역할 재정립 주문, ② 악성 민원으로부터 교사 보호 시스템 구축의 법률적 근거 마련, ③ 무분별한 아동학대 사안 처리로부터 교권보호, ④ 피해 교원 보호·회복 및 모든 학생의 학습권 보장 강화 등입니다.

'교권보호 5법'의 **주요 내용**은 다음과 같습니다. ① 부모 등 보호자의 교원과 학교의 교육·지도 존중 의무 명시, ② 학교의 장에게 민원 처리 책임 부여, ③「유아교육법」과「초·중등교육법」에 따른 교원의 정당한 교육활동과 생활지도에 대해서는 아동학대로 불인정, ④ 아동학대 신고 시 정당한 사유 없는 직위해제 처분 방지 및 교육감의 신속한 의견 제출, ⑤ 교육활동 침해행위에 학부모 등의 악성 민원, 공무집행방해죄·무고죄 등 추가, ⑥ 학교의 장과 교육감의 교육활동 침해 대응 강화 및 피해 교원 보호·회복 지원 확대 등입니다.

Q99 교육활동 보호를 위해, '아동학대'를 이유로 한 민원에 대응하는 방법은 어떻게 달라지고 있나요?

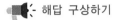 해답 구상하기

A99 '아동학대'의 유형은 '정서적 학대' '신체적 학대' '성적 학대' '방임'으로 구분됩니다. 교육기관을 대상으로 제기되는 대부분의 민원은 정서적 학대와 신체적 학대입니다. 최근에 교권보호 5법이 개정되기 전까지는 교사의 말투를 꼬투리 잡아서 정서적 학대로 소송하는 일이 드물지 않았습니다. 개정된 이후로는 '절차와 법령에 의한 행위' '일상적인 업무로 인한 행위' '사회의 상규에 위배되지 않는 교육활동 과정에서의 행위'는 정당한 교육활동으로 간주하고 처벌의 대상으로 삼지 않습니다. 또한 무분별한 반복적 민원에서 교사를 보호하는 대책이 마련되었습니다. 개인이 아닌 기관 차원에서 민원에 대응하기 위해서 학교는 민원대응팀을, 교육지원청은 통합민원팀을 운영합니다.

Q100 '학교폭력'과 관련하여 가해자 측과 피해자 측 입장의 민원에는 어떠한 것들이 있을까요?

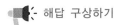 해답 구상하기

A100 학교폭력의 가해자 측에서 제기하는 민원의 유형은 다음과 같습니다. ① 학교폭력으로 다룰 만한 사안인가에 대한 불만, ② 사안 처리와 관련한 학교의 안내 미흡에 대한 지적, ③ 소송을 앞두고 관련 교원의 책임을 묻는 요구, ④ 학교폭력 심의 과정 등에서 오고 간 발언에 대한 부당함의 표출 등입니다. 한편, 피해자 측에서 제기하는 유형은 다음과 같습니다. ① 신속한 사안 처리에 요구, ② 처리 과정의 비밀 유지와 관련한 요구, ③ 학교의 초기대응에 대한 부절적함 제기, ④ 관리자의 중재에 대한 불만 등입니다(김혜경, 2018).

💡 **TIP** -

학교폭력 관련 민원은 학부모들 간의 감정싸움이 학교폭력 사안으로 옮겨 가거나, 교사의 관심 부족을 문제로 삼거나, 처리 과정에서의 사소한 일이 빌미가 되기도 합니다. 대응 과정에서 이런 점에 유의해야 합니다.

Q101 교육활동 침해가 발생하면 관련 사안의 처리와 피해 교원의 대응은 어떻게 해야 할까요?

🔊 해답 구상하기

A101 교육활동 침해는 초기에 신속하게 대응하고 교권보호위원회를 공정하게 운영해야 합니다. 사안이 발생하면 피해 교원은 침해 행위의 중단을 요청하고, 동료 교사 등 주변에 도움을 요청하여 현장에서 벗어나야 합니다. 그런 다음에 관리자나 담당자 등에게 신고를 해야 합니다. 학교는 피해 교원의 상태와 의사를 확인하여 가해자와 피해 교원의 즉시 분리 및 현장을 목격한 학생들을 진정시키는 등의 필요한 조치를 긴급하게 취하고, 교육활동을 침해한 학생의 보호자에게 연락해야 합니다. 교육활동 침해의 사안 처리와 피해 교원의 대응 요령 등에 대한 사항은 [그림 14-1]을 참고하기 바랍니다.

💡**TIP** --

교육부와 한국교육개발원에서 발간한 「교육활동 보호 매뉴얼」은 교육활동 침해 행위 및 사안 처리 등 교육활동 보호에 관한 전반적인 사항을 안내합니다. 또한 「교원의 학생생활지도에 관한 고시」 「유치원 교원의 교육활동 보호를 위한 고시」 「교원의 학생생활지도에 관한 고시 해설서」를 참고하면, 교육활동 침해의 예방과 대응에 도움이 됩니다.

절차	업무 담당자 대응 요령	피해 교원 대응 요령

초기대응 및 사안 신고 (학교)	• 인지 즉시 적극 개입
	• 교육현장 안정화
	  – 가해자와 피해 교원 즉시 분리 조치(피해 교원의 의사 확인)
	  – 필요시 업무대행자 지정
	  – 목격 학생 진정시키기
	• 보호자에게 연락
	• 사안신고서 접수(피해 교원 → 학교)
	• 사안 신고(24시간 이내 학교 → 교육지원청)
	• 중대한 경우 경찰에 신고
	• 언론 등 대응창구 단일화
		• 침해행위 중단 요청
		• 주변에 도움 요청
		• 현장에서 벗어나기
		• 관리자 · 담당자에게 신고

피해 교원 보호 및 사안 발생 보고 (학교)	• 피해 교원 보호조치 실시(학교장)
	  – 특별휴가, 조퇴, 병가 허가
	  – 응급처치, 병원 후송, 심리 상담 지원
	  – 심리 상담, 법률상담, 공무상 병가 신청 안내 등
	• 지역교권보호위원회 등 절차 안내
	• 사안 발생 보고(5일 이내, 학교 → 교육지원청)
	  – 피해 교원 및 학생(보호자) 면담 및 의사 확인
	  – 의견서 접수 및 목격자 진술, 증거 수집 등
	  – 관할 교육(지원)청에 사안 발생 보고서 작성 제출(공문)
		• 특별휴가, 조퇴, 병가 신청
		• 심리 상담 등 지원 요청
		• 사안 발생 당시 상황 기록
		• 면담 시 피해상황 구체적으로 진술
		• 관련자 조치 및 보호조치에 관한 의견 진술

사안 조사 (교육 지원청)	• 사안 발생보고서 검토
	• 중대사안 발생 보고(교육지원청 → 시 · 도교육청 → 교육부)
	• 사안 조사
	  – 피해 교원 및 학생(보호자)의 관련 자료 조사
	  – 쟁점 사안 확인 · 점검
	  – 교육활동 침해행위 여부 확인 · 점검
	  – 조치 필요성에 관한 사실 확인 · 점검
	• 조사보고서 작성
		• 추가면담 시 피해상황 구체적으로 진술
		• 관련자 조치 및 보호조치에 관한 의견 진술

〈계속〉

[그림 14-1] **교육활동 침해 사안 처리 흐름도**

자료: 교육부, 한국교육개발원(2024), p. 27 발췌.

참고문헌

강원도교육청(2023). 2023 학교행정 업무편람.

경기도교육청(2005). 평가문항 제작·분석의 실제.

경기도교육청(2022). 평가 문항 제작 방법.

경기도교육청(2023a). 2023 교육공무원 인사실무편람(중등).

경기도교육청(2023b). 2023 교육공무원 인사실무편람(초등).

경북유초등수석교사회(2021). 새내기교사 길라잡이 행복교실을 위한 디딤돌.

경상북도교육청(2023a). 2023학년도 고등학교 교육과정 편성·운영 도움자료.

경상북도교육청(2023b). 공립학교회계 예산편성 기본지침.

경상북도교육청(2023c). 수업탐구교사공동체 운영 및 운영비 집행 지침.

광주광역시교육청(2014). 행복한 광주교육을 위한 교직실무.

광주광역시교육청(2023). 업무담당자용 학교회계 길라잡이.

교육부(2016). 교육공무원 인사실무.

교육부(2017). 과정 중심 평가의 개념과 의미. 행복한 교육. www.moe.go.kr/upload/brochure-
    Board/1/2017/07/1499047829513_312660190996557.pdf

교육부(2019). 범교과 학습 주제와 교과 교육과정 연결 맵. 발간등록번호 11-1342000-000364-
    01. 교육부, 경상북도교육청 외 16개 시도교육청.

교육부(2021. 2. 16.). 고교학점제 종합 추진 계획. 교육부 보도자료.

교육부(2021. 11. 24.). '2022 개정 교육과정' 총론 주요사항 발표. 교육부 보도자료.

교육부(2022). 초·중등학교 교육과정 총론. 교육부 고시 제2022-33호 [별책 1].

교육부(2023. 1. 9.). 2025년부터 전국에서 '늘봄학교' 운영… 교육·돌봄 국가책임 강화.
    교육부 보도자료.

교육부(2023. 9. 1.). 「교원의 학생생활지도에 관한 고시」. 교육부 고시 제2023-28호.

교육부, 서울특별시교육청(2022). 2022 개정 교육과정 이렇게 바뀝니다. 2022 개정 교육과정

홍보 리플릿.

교육부, 이화여자대학교 학교폭력예방연구소(2023. 10. 1.). 교원의 학생생활지도에 관한 고시 해설서.

교육부, 이화여자대학교 학교폭력예방연구소(2024. 2. 26.). 학교폭력 사안처리 가이드북.

교육부, 한국교육개발원(2024). 2024 개정 교육활동보호 매뉴얼. 한국교육개발원 수탁연구 자료 CRM 2024-28.

국민권익위원회(2023). 공무원 행동강령 업무편람. 발간등록번호 11-1140100-000189-14.

김미영(2015). 에릭슨의 심리사회 발달적 인간 고찰. 사회복지경영연구, 2(2), 27-42.

김민오(2017). 초등학교 교사의 수업전문성 형성 과정에 관한 연구. 박사학위논문. 서울교육 대학교 교육전문대학원.

김새로나, 변혜라, 김영란, 우하영(2020). 과정중심평가, 이렇게 해 봐요!. 중등교사용. 2020 과정중심평가 역량 강화 자료집. 경상남도교육청.

김은영(2018). OECD 교육 2030: 미래 교육과 역량. 서울교육, 281호.

김정래(2014). 교육목적으로서 '자기실현'의 재음미: 매슬로우의 이론을 단초로 한 논의. 교육철학연구, 36(2), 49-70.

김정필(2020. 3. 29.). 뭐는 되고 뭐는 안 되나… 알면 쓸 데 있는 SNS 선거운동 가이드. 한겨레.

김진(2011). 콜버그 대 길리건: '정의'와 '배려'는 도덕원리로서 양립 가능한가?. 대동철학, 57, 185-211.

김차명(2018). 학부모 민원의 유형과 대응방안. 한국교원교육학회 학술대회자료집, 1-10.

김혜경(2018). 학부모 민원의 유형과 대응방안: 학교폭력 관련 사례를 중심으로. 한국교원교 육학회 학술대회자료집, 31-35.

대전광역시교육청(2007). 신규교사 및 교육실습 교육자료.

대전광역시교육청(2022a). 2023학년도 중등 수석교사 자격연수 대상자 선발 계획.

대전광역시교육청(2022b). e-교육행정업무매뉴얼.

대전광역시교육청(2023a). 2023학년도 학교회계 예산편성 및 집행지침.

대전광역시교육청(2023b). '외부강의등' 관련 유의사항.

박소영, 이수정, 최병택, 소경희, 이재기(2008). 국가교육과정의평가체제연구(Ⅱ): 학교 교육 과정 계획·운영·성과 평가를 중심으로. 연구보고 RRC 2008-4. 한국교육과정평가원.

박종국(2015). 학교교육과정에 대한 과정철학적 고찰. 교육과정연구, 26(2), 29-55.

배화순, 이주연(2023). 사회과 공동교육과정 운영 실태와 쟁점. 교육문화연구, 29(2), 351-380.

백승관(2003). 교사의 발달과정에 관한 탐색모형. 교육행정학연구, 21(1), 29-51.

서미라(2019). 도덕 교사의 실천적 지식에 대한 자전적 탐구. 공주대학교 박사학위논문.

서정기(2012). 학교폭력의 교육적 대안. 배움학연구, 4(1), 25-40.

손향숙(2003). 신규 임용 교사의 교직관 조사. 학생생활연구, 11, 43-59.

송현섭(2018). 고등학교 학부모 민원의 유형과 대응방안. 한국교원교육학회 학술대회자료집, 27-30.

신정철(1988). 교육학-인간중심의 교육과정. 고시계, 33(5), 332-335.

엄동섭(2012). 학교폭력에 따른 교사 등의 민사책임, 법교육연구, 7(2), 55-91.

이동엽(2019). 한국의 중학교 교사가 인식하는 수업의 실제: TALIS 2018 결과 분석. KEDI BRIEF, 2019(14). 한국교육개발원.

이미나, 나옥희(2018). 청소년을 위한 비폭력대화 프로그램 효과 연구. 예술인문사회융합멀티미디어 논문지, 8(5), 857-865.

이미숙(2014). 교원의 학교교육과정 편성 · 운영 역량에 관한 교육 전문가의 인식 분석. 교육과정연구, 32(4), 195-215.

이상은(2022). 학생 주체성 담론의 이론적 지평 및 쟁점 탐색. 교육과정연구, 40(1), 79-103.

이승미(2022). 중학교 자유학기의 지향점과 편성 · 운영 · 평가의 개선 방향 탐색. 한국교육학연구, 28(1), 139-166.

이은주(2009). 어린이를 위한 철학 교육의 가능 근거: 피아제의 인지 발달 이론 비판을 중심으로. 동서철학연구, 51, 347-371.

이재덕, 신철균, 신정철(2020). 교사들의 교직관 탐색: 교직관의 다중성과 직장관의 보편화. 교육문화연구, 26(3), 191-213.

인사혁신처(2023. 10. 25.). 국가공무원 복무 · 징계 관련 예규. 인사혁신처예규 제166호.

임유나(2022). 교육과정 개발과 실행에서 개념적 접근의 교육적 의의와 과제. 교육학연구, 60(2), 31-61.

정일화(2015). 헌법재판소의 수석교사제 결정례의 평석을 통한 수석교사제 규율의 문제점과 개선방안. 교육법학연구, 27(3), 271-294.

정일화(2020). 새내기 교사론. 한국학술정보.

정일화(제작 중). (가제)영화로 읽는 교사론.

정일화, 김현식, 이수용, 서미라, 송미나, 나용인, 한국유초중등수석교사회(2024). 수석교사가 콕 짚어 주는 핵심 교직실무. 학지사.

조난심(2017). 제4차 산업혁명과 교육. 교육비평, 39, 330-347.

조상식(2016). '제4차 산업혁명'과 미래 교육의 과제. 미디어와 교육, 6(2), 152-185.

주삼환(2009). 장학의 이론과 실제: I(이론편). 한국학술정보.

주삼환, 신봉섭, 이석열, 정일화, 김용남(2023). 교육행정 및 교육경영(6판). 학지사.

천세영, 이옥화, 정일화, 김득준, 장순선, 방인자, 이재홍, 권현범, 김종수, 이경민, 김지은, 전미애(2020). 수업분석과 수업코칭. 학지사.

천세영, 정일화, 남미정, 김수아, 조성만, 김미정, 유지영, 방인자(2014). 학교폭력의 예방 및 대책. 학지사.

최수진, 이재덕, 김은영, 김혜진, 백남진, 김정민(2017). OECD 교육 2030 참여 연구: 역량 개념틀 타당성 분석 및 역량 개발을 위한 교육체제 탐색. KEDI 연구보고서 RR2017-18, 1-159.

학교안전공제중앙회, 시 · 도 학교안전공제회(2022). 〈2022년 2/4분기〉 통계로 알아보는 학교

안전사고.

한국교육개발원(2019). 2020 방과후학교 운영 길라잡이. 연구자료 CRM 2019-155.

한국교육개발원(2021). 초등돌봄교실 운영 길라잡이(개정판 2022). 연구자료 CRM 2022-000.

한국교육과정평가원(2017. 5. 10.). 과정을 중시하는 수행평가, 이렇게 해요!. KICE 연구·정책브리프 5권, 1-7.

한준상(1997). 교육행정개혁의 과제와 전망: 교원 양성의 문제점과 개선과제. 한국행정연구, 6(1), 88-106.

한혜정, 이주연(2017). 학문중심 교육과정 및 이해중심 교육과정과의 비교를 통한 역량기반 교육과정 이해. 교육과정연구, 35(3), 203-221.

행정안전부 지방자치인재개발원, 시·도공무원교육원(2023). 행정업무 운영실무.

행정안전부(2020). 행정업무운영 편람.

현상익(2021). 콜버그 도덕발달이론에 대한 피터즈의 비판: 도덕교육에서 내용과 형식의 관계. 도덕교육연구, 33(1), 79-97.

홍우림(2018). 학부모 민원의 유형과 대응방안. 한국교원교육학회 학술대회자료집, 11-19.

황기우(2005). 현대 교직관의 분석적 연구. 총신대논총, 25, 414-435.

Bandura, A. (1969). *Social-Learning Theory of Identificatory Processes*. Handbook of Socialization Theory and Research.

Banner, J. & Cannon, H. (2003). 훌륭한 교사는 이렇게 가르친다 (*The Elements of Teaching*). (이창신 역). 풀빛. (원저는 1997년에 출판).

Banner, J., & Cannon, H. (2017). *The Elements of Teaching*. Yale University Press.

Bissell, B. (1992). *The Paradoxical Leader*. Paper presented at the Missouri Leadership Academy, Columbia, MO.

Burden, P. (1982). *Developmental Supervision: Reducing Teacher Stress at Different Career Stages*. Paper presented at the Association of Teacher Educators National Conference, Phoenix, AZ.

Burke, P., Christensen, J., & Fessler, R. (1984). *Teacher Career Stages: Imptications for Staff Development* (Whole No. 214). Bloomington, IN: Phi Delta Kappan Educational Foundation.

Capps, D. (1983). *Life Cycle Theory and Pastoral Care*. Philadelphia: Fortress.

Center for Disease Control & Prevention. (2022). *Schools Start Too Early*. www.cdc.gov/sleep/features/schools-start-too-early.html

Christensen, J., Burke, P., Fessler, R., & Hagstrom, D. (1983). *Stages of Teachers' Careers: Implications for Staff Development*. Washington, DC: National Institute of Education. (ERIC Document Reproduction Service No. ED 227 054).

Clark, R. (2004). *Excellent 11: Qualities Teachers, and Parents Use to Motivate, Inspire,* and Educate Children. Hachette Books.

DePorter, B., Reardon, M., & Singer-Nourie, S. (2012). 퀀텀 교수법 (*Quantum Teaching: Mempraktikkan Quantum Learning Di Ruang-Ruang Kelas*). (김창완 역). 멘토르. (원저는 2010년에 출판).

Dunlosky, J., Rawson, K., Marsh, E., Nathan, M., & Willingham, D. (2013). Improving students' learning with effective learning techniques: Promising directions from cognitive and educational psychology. *Psychological Science in the Public Interest, 14*(1), pp. 4-58.

Erikson, E. (1968). *Identity Youth and Crisis* (No. 7). WW Norton & company.

Feiman, S., & Floden, R. (1980). What's all this talk about teacher development? East Lansing, MI: Institute for Research on Teaching. (ERIC Document Reproduction Service No. ED 189 088).

Gilligan, C. (1982). In a Different Voice. Psychological Theory and Women's Development. Cambridge, Harvard University Press.

Howells, K. (2018). The future of education and skills: Education 2030: The future we want.

Joyce, B., Hersh, R., & McKibbin, M. (1983). *The Structure of School Improvement*. N. Y.: Longman Inc.

Kohlberg, L. (1981). *The Philosophy of Moral Development: Moral Stages and the Idea of Justice*. San Francisco: Harper & Row.

Kronowitz, E. (2008). 성공하는 교사의 첫걸음 (*The Teacher's Guide to Success: Teaching Effectively in Today's Classrooms*). (고재천, 권동택, 김은주, 박상완, 박영만, 이정선, 정혜영 공역). 시그마프레스.

Marzano, R., Pickering, D., & Pollock, J. (2010). 학업성취 향상 수업전략 (*Classroom Instruction That Works: Research-Based Strategies for Increasing Student Achievement*). (주삼환, 정일화 공역). 시그마프레스. (원저는 2001년에 출판).

Maslow, A. (1954). *Motivation and Personality*. Harper and Row. New York.

Neill, A. (1944). *The Problem Teacher*. International University Press.

Newman, K., Dornburg, B., Dubois, D., & Kranz, E. (1980). Stress in teachers' mid-career transitions. A Role for teacher education. ED, 196868, 23.

Nolte, D., & Harris, R. (2016). 긍정육아 (*Children Learn What They Live: Parenting to Inspire Values*). (김선아 역). 중앙생활사. (원저는 1998년에 출판).

OECD. (2005). *The Definition and Selection of Key Competencies: Executive Summary*. Paris: OECD.

OECD. (2017). *PISA 2015 Collaborative Problem Solving Framework*. PISA 2015 Assessment and Analytical Framework: Scence, Reading, Mathematic, Financial Literacy and

Collaborative Problem Solving. www.oecd.org/pisa/pisaproducts/Draft%20PISA%20 2015%20Collaborative%20Problem%20Solving%20Framework%20.pdf

OECD. (2018. 5. 4.). *Education 2030: The Future of Education and Skills*. The future we want. OECD. Position Paper.

OECD. (2023). *OECD Learning Compass 2030: A Series of Concept Notes*.

Payne, R. (2008). Nine Powerful Practices. *Educational Leadership*, *65*(7), pp. 48-52.

Piaget, J. (1966). *The Child's Conception of Physical Causality*. Littlefield, Adams & Co.

Rifkin, J. (2009). *The Empathic Civilization: The Race to Global Consciousness in a World in Crisis*. Penguin.

Schwab, K. (2016). 클라우스 슈밥의 제4차 산업혁명 (*The Fourth Industrial Revolution*). (송경진 역). 메가스터디북스.

Scientificamerican. (2014. 9. 1). *Schools-Start-Too-Early*. www.scientificamerican.com/article/school-starts-too-early

Shapiro, J., & Stefkovich, J. (2010). 교육윤리 리더십 (*Ethical Leadership and Decision Making in Education: Applying Theoretical Perspectives to Complex Dilemmas*). (주삼환, 정일화 공역). 학지사.

Smoot, B. (2010). 가르친다는 것은 (*Conversations with Great Teachers*). (노상미 역). 이매진.

Speck, M., & Knipe, C. (2001). 교원의 전문적 능력개발 (*Why Can't We Get It Right? Professional Development in Our Schools*). (주삼환, 유수정, 오형문, 이기명, 진재열 공역). 시그마프레스.

Whitaker, T. (2014). 훌륭한 교사는 무엇이 다른가 (*What Great Teachers Do Differently*). (송형호 역). 지식의 날개. (원저는 2002년에 출판).

Whitaker, T. (2020). *What Great Teachers Do Differently: Nineteen Things That Matter Most*. CRC Press.

Wiggins, G., & McTighe, J. (2011). *The understanding by design guide to creating high-quality units*. ASCD.

Zehr, H. (2002). *The Little Book of Restorative Justice*. The little books of justice & peacebuilding series. PA: Good Books.

Zepeda, S., & Ponticell, J. (1996). Classroom climate and first-year teachers. *Kappa Delta Pi Record*, *32*(3), 91-93.

경기도교육청. www.goe.go.kr
교육부. www.moe.go.kr
국가교육과정정보센터. ncic.re.kr
국가기초학력지원센터. k-basics.org

국가법령정보센터. www.law.go.kr

국민권익위원회. www.acrc.go.kr

대전광역시교육청 교육행정정보시스템. dje.neis.go.kr

대한민국 법원 종합법률정보. glaw.scourt.go.kr

대한민국 상훈. www.sanghun.go.kr

대한민국 정보공개 포털. www.open.go.kr

로앤비. www.lawnb.com

방과후학교포털시스템. www.afterschool.go.kr

법제처 국가법령정보센터. www.law.go.kr

서령중학교. seoryeong.cnems.kr/boardCnts/list.do?boardID=215360&m=0403&s=seoryeong

서울교육포털. www.ssem.or.kr

인사혁신처. www.mpm.go.kr

전라남도교육청. www.jne.go.kr

중앙교육연수원. www.neti.go.kr

찾기 쉬운 생활법령정보. www.easylaw.go.kr

학생평가지원포털. stas.moe.go.kr

한국교육과정 평가원. www.kice.re.kr

한국교육과정평가원 형성평가 시스템. fa.kice.re.kr

한국비폭력대화교육원. www.krnvcedu.com

Horry County Schools. www.horrycountyschools.net/Page/5659

https://issuu.com/oecd.publishing/docs/e2030-learning_compass_2030-concept_notes?fr
=xKAE9_zU1NQ

www.oecd.org/education/2030-project/teaching-and-learning/learning/learning-
compass-2030

찾아보기

▽ 내용

저자 소개

김현식(Kim, Hyunsik) yochon62@daum.net
한국중등수석교사회 회장

이수용(Lee, Sooyong) ylpekr@naver.com
전 한국유초등수석교사회 회장

서미라(Seo, Mira) seomira1@daum.net
교육학 박사

송미나(Song, Mina) india823@daum.net
한국교육정책연구소 소장

나용인(Na, Yongin) deobil@gmail.com
유튜브 크리에이터(이락)

이영실(Lee, Youngsil) holy3906@gmail.com
한국중등수석교사회 사무총장

정일화(Jeong, Ilhwa) fiatdoctorjohn@gmail.com
교육행정학 박사, 교육부 교육정책자문위원회 위원

집필 협력진

한국유초중등수석교사회

〈유초등〉

강부미 강빌리 구미전 권애숙 권원희 권향례 김동군 김미란 김미란 김인선 김춘희
김현주 김혜영 김희옥 류춘희 문경희 민현숙 박은미 박정선 박현주 방해영 선윤하
손준호 안명숙 안연숙 양혜숙 여한기 윤동학 은을향 이경순 이명희 이성규 이연희
이영미 이완석 이정민 이정숙 이종윤 이해경 이해영 이혜진 이환규 정미진 정유경
조선희 조현식 최형숙 하태민 한효의 황소라 황진영

〈중등〉

강미선 강 정 강지연 강희선 곽미숙 구본애 구양삼 김경수 김명주 김미영 김미정
김석천 김 선 김선귀 김선옥 김성교 김숙희 김옥희 김은숙 김정숙 김지원 김현옥
나미경 남순미 노 정 류란영 박계순 박영아 박은주 박정수 박정애 박지은 박행화
방준수 배경문 배철민 백지열 백한식 변규석 변현진 성연동 소은숙 손영란 손주민
송애경 송정열 송혜진 신동진 신승희 신영옥 신정애 안규완 양은숙 오영부 우혜경
유명준 윤경옥 윤길호 이기남 이미옥 이복섬 이봉진 이성하 이성혜 이세라 이영란
이정순 이창호 이필기 이혜옥 임경숙 임혜란 전란희 정동진 정명자 정회상 조문형
조미경 조옥선 조은경 조치연 조희정 최경희 최병출 최수연 최연호 최정환 최 훈
하미희 한명숙 허은혜 황영옥 황인철 황창근

교사가 묻고 수석교사가 답하는

해법 교직실무
Teaching Solution Practices

2024년 5월 25일 1판 1쇄 인쇄
2024년 5월 30일 1판 1쇄 발행

지은이 • 김현식 · 이수용 · 서미라 · 송미나 · 나용인 · 이영실 · 정일화 · 한국유초중등수석교사회
펴낸이 • 김진환
펴낸곳 • (주) **학지사**

04031 서울특별시 마포구 양화로 15길 20 마인드월드빌딩
대표전화 • 02)330-5114   팩스 02)324-2345
등록번호 • 제313-2006-000265호

홈페이지 • http://www.hakjisa.co.kr
인스타그램 • https://www.instagram.com/hakjisabook

ISBN 978-89-997-3132-7 93370

정가 16,000원

출판미디어기업 학지사

간호보건의학출판 **학지사메디컬** www.hakjisamd.co.kr
심리검사연구소 **인싸이트** www.inpsyt.co.kr
학술논문서비스 **뉴논문** www.newnonmun.com
교육연수원 **카운피아** www.counpia.com
대학교재전자책플랫폼 **캠퍼스북** www.campusbook.co.kr